Cambridge Elements ☰

Elements in Politics and Society in Latin America
edited by
Maria Victoria Murillo
Columbia University
Tulia G. Falleti
University of Pennsylvania
Juan Pablo Luna
Pontificia Universidad Católica de Chile
Andrew Schrank
Brown University

LA ECONOMÍA POLÍTICA DE UNA EXPANSIÓN SEGMENTADA

*Política social latinoamericana en la
primera década del siglo XXI*

Camila Arza
*Consejo Nacional de Investigaciones Científicas y Técnicas (CONICET)
y Centro Interdisciplinario para el Estudio de Políticas Públicas (CIEPP)*

Rossana Castiglioni
Universidad Diego Portales

Juliana Martínez Franzoni
Universidad de Costa Rica

Sara Niedzwiecki
University of California – Santa Cruz

Jennifer Pribble
University of Richmond

Diego Sánchez-Ancochea
University of Oxford

CAMBRIDGE
UNIVERSITY PRESS

Shaftesbury Road, Cambridge CB2 8EA, United Kingdom

One Liberty Plaza, 20th Floor, New York, NY 10006, USA

477 Williamstown Road, Port Melbourne, VIC 3207, Australia

314–321, 3rd Floor, Plot 3, Splendor Forum, Jasola District Centre,
New Delhi – 110025, India

103 Penang Road, #05–06/07, Visioncrest Commercial, Singapore 238467

Cambridge University Press is part of Cambridge University Press & Assessment,
a department of the University of Cambridge.

We share the University's mission to contribute to society through the pursuit of
education, learning and research at the highest international levels of excellence.

www.cambridge.org
Information on this title: www.cambridge.org/9781009478892

DOI: 10.1017/9781009443654

First published 2024

A catalogue record for this publication is available from the British Library

ISBN 978-1-009-47889-2 Hardback
ISBN 978-1-009-44364-7 Paperback
ISSN 2515-5253 (online)
ISSN 2515-5245 (print)

La economía política de una expansión segmentada

Política social latinoamericana en la primera década del siglo XXI

Elements in Politics and Society in Latin America

DOI: 10.1017/9781009443654
First published online: April 2024

Camila Arza
Consejo Nacional de Investigaciones Científicas y Técnicas (CONICET) y Centro Interdisciplinario para el Estudio de Políticas Públicas (CIEPP)

Rossana Castiglioni
Universidad Diego Portales

Juliana Martínez Franzoni
Universidad de Costa Rica

Sara Niedzwiecki
University of California – Santa Cruz

Jennifer Pribble
University of Richmond

Diego Sánchez-Ancochea
University of Oxford

Autora para correspondencia: Sara Niedzwiecki, saranied@ucsc.edu

Abstract: Los primeros años del siglo veintiuno fueron un período de expansión de la política social en América Latina. Se crearon nuevos programas en salud, pensiones, y asistencia social, y se incorporaron grupos previamente excluidos de las políticas existentes. ¿Cuál fue el carácter de esta expansión de la política social? ¿Por qué experimentó la región esta transformación? A partir de la revisión de un amplio número de artículos y libros, mostramos que los avances de la política social en la primera década del siglo veintiuno fueron segmentados, con diferencias en los niveles de acceso y beneficios, brechas en la calidad de los servicios y disparidad entre sectores de política. Argumentamos que esta "expansión segmentada" fue el resultado de las características de la democracia a corto y largo plazo, de condiciones económicas favorables y de legados de política. El análisis revela que quienes estudian la política social latinoamericana han generado nuevos conceptos e importantes teorías que ayudan a la comprensión de muchas preguntas sobre el desarrollo y el cambio del Estado de Bienestar.

Keywords: expansión de las políticas sociales, universalismo, outsiders, democracia, auge de las materias primas

ISBNs: 9781009478892 (HB), 9781009443647 (PB), 9781009443654 (OC)
ISSNs: 2515-5253 (online), 2515-5245 (print)

Índice

1 Introducción: Inventario de la expansión de la política social en América Latina

En diciembre de 2007, Evo Morales, primer presidente indígena de Bolivia y líder del Movimiento al Socialismo (MAS), aprobó la creación de una pensión universal no contributiva denominada «Renta Dignidad». Ampliando un programa previo, Renta Dignidad consolidó el derecho de toda la población adulta mayor a una pensión en Bolivia. "Después de tantos años se hace justicia social con la tercera edad y no con plata prestada, sino con los recursos de nuestros hidrocarburos, lo que nos da la Pachamama. Empieza la revolución social para atender una demanda histórica del pueblo", declaró con orgullo Morales cuando empezó el pago de la pensión (Dirección de Prensa del Palacio de Gobierno, 2008). En otras partes de América Latina, en países tan diversos como Argentina, El Salvador y Perú, se produjeron dinámicas similares al iniciar el siglo veintiuno, a medida que los gobiernos expandieron el acceso a las transferencias de ingresos y a los servicios sociales, e incluyeron sectores de la población anteriormente excluidos de dichos beneficios.

Tras la retracción del Estado entre las décadas de 1970 y 1990, esta fase expansiva abarcó aproximadamente los primeros doce años del siglo veintiuno e implicó cambios importantes en el diseño de las políticas sociales de América Latina. Los gobiernos de la región expandieron las políticas existentes y crearon nuevos programas en diversos sectores, incluyendo salud, pensiones y asistencia social. Además, los cuidados surgieron como una nueva área de intervención estatal para niños y niñas, y para las personas mayores y con discapacidad. Es importante destacar que las personas beneficiadas por estas nuevas políticas no solo eran trabajadores asalariados, sino también trabajadores informales anteriormente excluidos, familias con bajos ingresos, madres en condición de pobreza y trabajadoras domésticas. Muchas de estas políticas contribuyeron a reducir la desigualdad en toda la región (López-Calva y Lustig, 2010; Gasparini *et al.*, 2011). Algunos estudios se han referido a este período como la segunda ola de incorporación social de la región (Reygadas y Filgueira, 2010; Filgueira, 2013; Rossi, 2015) y otros han destacado el liderazgo de América Latina en la definición de nuevas formas de asistencia social (Barrientos, 2013).

Estos cambios atrajeron atención académica, lo que resultó en un aumento en la literatura sobre expansión de la política social en América Latina. La investigación sobre el tema surgió en diálogo con estudios sobre el cambio de la política social en otras regiones y durante otros períodos. Los estudios muestran un alto grado de pluralismo metodológico, una rica recopilación de nuevos datos, el desarrollo de conceptos sofisticados y modelos teóricos innovadores. Como resultado, la literatura generó conocimiento importante y relevante para el trabajo académico sobre y más allá de América Latina. Estas investigaciones proporcionaron nuevos elementos para responder preguntas de larga data sobre el desarrollo y el cambio del Estado de Bienestar, enmarcando nuestra comprensión de la naturaleza de la expansión de la política social y sus determinantes políticos y socioeconómicos de maneras nuevas e innovadoras.

Después de dos décadas de producción académica, es hora de hacer un inventario del estado del arte de este campo de estudio. Este trabajo tiene como objetivo hacer precisamente eso. Específicamente, analizamos la literatura existente sobre la expansión de la política social de América Latina durante la primera década del siglo veintiuno e identificamos las características clave de este período, para explicar cómo y por qué ocurrió la expansión. Al hacerlo, destacamos la originalidad de esta literatura e identificamos nuevas agendas de investigación para el futuro.

¿Cuál fue el carácter de la expansión de la política social durante la primera década del siglo veintiuno? ¿Por qué la región experimentó esta transformación y qué lecciones ofrece la literatura sobre la expansión de la política social latinoamericana a otras partes del mundo, incluidas las democracias industrializadas avanzadas? Este trabajo aborda estas preguntas y ofrece un análisis del estado del arte de este campo de estudio, articulando los argumentos centrales que surgen de la literatura. Sobre la base de la literatura existente, incluidas nuestras propias contribuciones, mostramos que la expansión en los primeros años del siglo veintiuno mejoró el acceso a los beneficios de millones de personas previamente excluidas; sin embargo, las políticas sociales permanecieron segmentadas. Definimos la segmentación como las diferencias en el acceso, los niveles de beneficios y la calidad según clase, género, raza, etnia, y estatus migratorio. La expansión en la región también fue dispar entre los distintos sectores de políticas. Por lo tanto, describimos el período como uno de "expansión segmentada".

El análisis también explora la literatura sobre los determinantes de la expansión de la política social latinoamericana. Argumentamos que la democracia proporcionó el "motivo" para la expansión; la disponibilidad de recursos, en parte debido al auge de las materias primas, proporcionó la "oportunidad"; y los legados de políticas públicas moldearon el carácter segmentado de la expansión. Encontramos que la expansión segmentada de América Latina fue el resultado de una combinación de características de la democracia a corto y largo plazo, condiciones económicas favorables y legados de política. A más largo plazo, la democracia generó un espacio para que las organizaciones de la sociedad civil y algunos partidos de izquierda y centroizquierda se movilizaran. Con el tiempo, la creciente fuerza de estas organizaciones en pos del bienestar generó presión para que se expandieran las políticas sociales. De manera más inmediata, una competencia electoral cada vez más intensa incentivó que las élites políticas prometieran una expansión de la política social y cumplieran esos compromisos una vez en el cargo. También alentó a los partidos políticos en el gobierno a expandir las políticas sociales existentes a un segmento más amplio de la población, creando nuevos programas o cubriendo nuevos riesgos sociales. Estos esfuerzos fueron posibles gracias a la disponibilidad de más recursos en un entorno económico internacional favorable. No obstante, las políticas sociales permanecieron segmentadas debido a la forma en que las políticas existentes moldearon la distribución del poder y las preferencias públicas, por ejemplo promoviendo reformas en algunos sectores o programas y no en otros. Los legados de políticas públicas reprodujeron las desigualdades previas en el diseño de nuevos programas y en la extensión de los beneficios preexistentes.

Este trabajo lleva a cabo un examen crítico de la literatura que analiza la era expansiva de América Latina, proporcionando una reconstrucción de cómo y por qué se transformó la política social. Es el resultado de un proceso intensivo de trabajo colaborativo entre seis personas que desde tres disciplinas diferentes (ciencia política, sociología y economía política) han investigado diferentes aspectos de la expansión y del cambio de la política social en América Latina desde instituciones académicas de Argentina, Chile, Costa Rica, Estados Unidos y Reino Unido. Conjuntamente, revisamos los resultados de más de 250 artículos académicos, libros, capítulos de libros y documentos que estudian el período expansivo, publicados principalmente entre 2000 y 2021. La selección se centró en investigaciones teóricas y empíricas.[1] Nuestro objetivo fue revisar de manera crítica la literatura académica que propone conceptos, tipologías y teorías para explicar las trayectorias de expansión de la política social. El análisis de la literatura se basó en nuestro trabajo anterior. En otras palabras, nuestros diversos antecedentes disciplinarios, experiencia en sectores y enfoques en diferentes países respaldan las conclusiones sobre la caracterización de la literatura sobre la expansión de la política social y sus determinantes. A partir de los resultados de este análisis, formulamos un argumento que busca sintetizar los principales hallazgos en la literatura. En este proceso, nos centramos, de manera deliberada, en los argumentos académicos más destacados, subrayando los puntos de acuerdo y, en menor grado, las disidencias. Por esta razón, somos muy conscientes de que es posible que no hayamos incluido todos los argumentos en la literatura y que, sin quererlo, hayamos excluido contribuciones importantes.

---

[1] Excluimos los estudios descriptivos que carecían de un enfoque analítico claro, así como los estudios centrados en el impacto de las políticas, donde se ubica gran parte del importante trabajo publicado por instituciones internacionales.

El análisis de la literatura presentado en este trabajo es importante por diversas razones. Primero, la era expansiva fue, en muchos sentidos, exitosa en términos de incorporación social y reducción de la pobreza. Fue también un período en que América Latina lideró el camino en muchos ámbitos, como la creación de programas de transferencias monetarias condicionadas (TMC). Segundo, debido a que se trata de una literatura emergente, arraigada en diferentes disciplinas, todavía carecemos de una comprensión exhaustiva de lo que hemos aprendido sobre la expansión de la política social y sus determinantes en la región. Tercero, las contribuciones teóricas y conceptuales de la literatura sobre la era expansiva de América Latina son importantes y podrían respaldar debates más amplios sobre el desarrollo y el cambio del Estado de Bienestar.

El mundo académico especializado en temas de protección social latinoamericana ha generado nuevas formas de entender la expansión de la política social, al destacar la importancia no solo de la cobertura de los programas, sino también de la generosidad de los beneficios y de la calidad de los servicios sociales. Es a través de esta lente multidimensional que identificamos el carácter segmentado de la expansión de la política social de América Latina durante los primeros años del siglo veintiuno. La literatura sobre la región también ha hecho importantes avances en conceptualizar el universalismo de la política social de maneras que mejoran nuestro análisis de los derechos sociales fuera de las economías industrializadas avanzadas. Antes de este estudio, gran parte de la literatura ignoraba la situación específica del sur global o agrupaba a todos los países juntos. La literatura sobre la era expansiva también ha producido formas nuevas y más precisas de conceptualizar la democracia y comprender su efecto en el desarrollo y el cambio del Estado de Bienestar. Estos avances teóricos resultarán importantes para los estudios de política social, tanto en el norte como en el sur global.

Finalmente, dado el declive del auge del precio de las materias primas, la erosión de la democracia, el creciente descontento político y la pandemia de COVID-19, América Latina se encuentra en una coyuntura histórica que puede implicar repensar el modelo económico predominante y rediseñar los sistemas de protección social. Para que este proceso conduzca a mejoras concretas en el bienestar de quienes residen en la región, es crucial que desarrollemos un entendimiento crítico y completo de los logros y las limitaciones de la era expansiva de América Latina.

En la segunda, tercera y cuarta sección de este trabajo analizamos el concepto de expansión y damos seguimiento a su progreso en toda la región. En la quinta y sexta sección, proporcionamos evidencia de la literatura que apoya nuestro marco explicativo y presentamos otros factores que merecen mayor análisis. En la Sección 7 analizamos la política social tras la era expansiva y durante la pandemia de COVID-19. Concluimos con una reflexión sobre la importancia de nuestros hallazgos, al destacar los desafíos venideros a medida que América Latina entra en un período de crisis económica, retrocesos democráticos y los efectos de la pandemia de COVID-19.

2 América Latina: Problemas históricos, expansión reciente

Los sistemas de protección social protegen a la población frente a riesgos sociales como enfermarse, envejecer y salir del mercado laboral, perder un empleo y no ganar lo suficiente para cubrir los costos de vida básicos. En las economías de mercado, las políticas sociales que abordan estos riesgos representan una "segunda ronda" de asignación de recursos posterior a la distribución de la tierra, los activos financieros y, para la mayoría de las personas, los ingresos laborales. Las principales fuentes de financiamiento de la política social son, por una parte, los impuestos generales y específicos y, por otra, las contribuciones salariales de trabajadores y empleadores. Cada fuente de financiamiento tiene efectos distributivos específicos y se ve influida de manera particular por el mercado laboral y la política macroeconómica. Las decisiones con respecto a cómo financiar los beneficios influyen en el efecto distributivo de las políticas y en la capacidad de sostener o ampliar los programas. También moldean las posibles alianzas y el conflicto entre actores.

En conjunto, la redistribución que produce la política social puede acentuar, alterar o mantener las desigualdades que surgen en la "primera ronda" de asignación de recursos. En América Latina, los regímenes de bienestar se han caracterizado por su segmentación y dualismo – una clara distinción entre un grupo relativamente pequeño de personas que trabajan de manera formal y el resto de la población. Desde el comienzo del siglo veinte en los países más avanzados de la región, y en torno a la década de 1950 en otros países, la política social siguió un modelo basado en las contribuciones, conocido como «modelo Bismarckiano». Siguiendo este modelo, los servicios de salud y las pensiones fueron provistas mediante sistemas de seguridad social basados en el trabajo. Las personas que trabajaban de manera formal estaban cubiertas ante un creciente número de riesgos sociales, mientras que aquellas que trabajaban de manera informal y autónoma – que constituyen una gran parte de la población económicamente activa en la región – estaban excluidas o tenían acceso a muy pocas prestaciones y a servicios de menor calidad. También eran comunes las desigualdades entre trabajadores formales de diferentes sectores, y, por ejemplo, el personal militar y los empleados del sector público generalmente estaban mejor protegidos que las personas ocupadas en otros sectores (Mesa-Lago, 1978). La existencia de una infinidad de programas para diferentes grupos de trabajadores significó que la seguridad social en la mayoría de los países tuviese un efecto redistributivo limitado, a veces incluso regresivo (Mesa-Lago, 1978; Barrientos, 2004; Filgueira, 2007). Estas limitaciones de la política social, sumadas a una distribución sumamente desigual de los ingresos y la riqueza, contribuyeron a que América Latina se convirtiera en una de las regiones más desiguales del mundo (Sánchez-Ancochea, 2021).

A principios de la década de 1980, la crisis de la deuda sumió a la región en la hiperinflación y la recesión económica, a la que siguió la austeridad fiscal. Durante las dos décadas siguientes, las propuestas políticas del llamado "Consenso de Washington" (Williamson, 2000) tuvieron un impacto significativo en la política social. Las reformas durante este período se orientaron a transferir parte de la gestión de riesgos sociales al mercado y reducir la intervención estatal. Enraizadas en una preocupación por el equilibrio fiscal y en una crítica de las desigualdades del modelo anterior, las reformas en política social de las décadas de 1980 y 1990 implicaron la flexibilización de las relaciones laborales, la privatización de los sistemas jubilatorios, una mayor participación del mercado en el sistema de salud, un énfasis creciente en las técnicas de focalización para asignar beneficios de asistencia social y la descentralización de los servicios de educación y salud (Filgueira, 1998 y 2013; Mesa-Lago, 2006; Huber y Stephens, 2012). El endeudamiento y los recortes al gasto social en las décadas de 1980 y 1990 contribuyeron a aumentar la pobreza y la desigualdad (Ruttenberg, 2019).

Las cosas cambiaron de manera significativa durante los primeros doce años del siglo veintiuno — un período de innovación y expansión de la política social en América Latina. A pesar de la heterogeneidad regional, los estudios de protección social durante este período coinciden en que la política social ganó terreno en las agendas gubernamentales. En un contexto de prosperidad económica, los países de América Latina fueron testigos de la expansión de transferencias monetarias y servicios sociales para trabajadores informales y familias con bajos ingresos. Este proceso incluyó la flexibilización del acceso a los programas contributivos (por ejemplo, las pensiones), la extensión de los beneficios existentes (por ejemplo, la salud), la creación de nuevos programas (por ejemplo, TMC y servicios de cuidado), la ampliación de la cobertura de programas existentes (por ejemplo, las pensiones no contributivas) y el aumento del gasto social en todos los sectores de política. Como ilustra el Gráfico 1, entre los años 2000 y 2018 el gasto público social como porcentaje del producto interior bruto (PIB) aumentó de forma constante de 8,5 % a 11,3 % y el gasto social per cápita aumentó de 464 a 938 US$ constantes del año 2010. Algunos

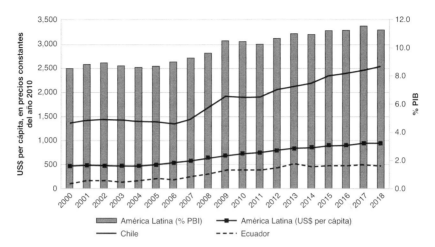

Gráfico 1 América Latina: Gasto público social per cápita y como porcentaje del PIB, 2000–2018

Nota: Representa el gasto del gobierno central. El promedio latinoamericano es el promedio simple estimado por la Comisión Económica para América Latina y el Caribe (CEPAL) de diecisiete países (Argentina, Bolivia, Brasil, Chile, Colombia, Costa Rica, Ecuador, El Salvador, Guatemala, Honduras, México, Nicaragua, Panamá, Paraguay, Perú, República Dominicana y Uruguay).

Fuente: Elaboración propia, sobre la base de CEPAL, CEPALSTAT.

de los últimos años tuvieron un desempeño aún mejor: por ejemplo, el gasto social per cápita del gobierno central se cuadruplicó en Ecuador, y subió 150% en Nicaragua y 98% en Paraguay durante el mismo periodo. Esta expansión implicó un amplio desarrollo de programas de asistencia social, que inclinaron la balanza entre seguridad y asistencia social para favorecer a esta última (Barrientos, 2011).

El acceso a los beneficios se extendió de manera significativa durante las dos primeras décadas del siglo veintiuno. Como se ilustra en el Gráfico 2, el porcentaje de la población de sesenta y cinco años o más que recibe una pensión (contributiva y no contributiva) aumentó del 51,5% en 2000 al 76,2 % en 2017. Gran parte de este aumento fue producto de la creación de nuevos programas no contributivos (Rofman *et al.*, 2015; Arza, 2019; Arenas de Mesa, 2019). Un puñado de países como Argentina, Bolivia, Brasil y Uruguay lograron una cobertura casi completa con beneficios universales (Bolivia) o combinando nuevas facilidades de acceso a los programas contributivos con la creación o ampliación de programas no contributivos (Argentina, Brasil y Uruguay).

Sin embargo, las mejoras en la cobertura no necesariamente coinciden con mejoras similares en generosidad. A menudo, los nuevos beneficios tienen montos bajos, lo que deja una amplia brecha entre quienes trabajan de manera

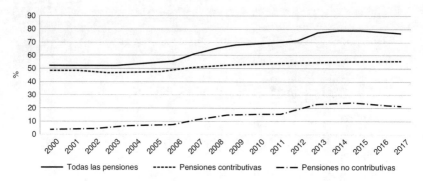

Gráfico 2 América Latina: Cobertura de las pensiones (contributivas y no contributivas) como porcentaje de la población mayor de sesenta y cinco años
Fuente: Elaboración propia, sobre la base de Arenas de Mesa (2019).

formal y reciben una pensión contributiva y quienes reciben beneficios no contributivos. Estas brechas son evidencia del carácter segmentado de la expansión de la política social durante la primera década del siglo veintiuno – un hecho en el que nos concentramos en la Sección 4 de este trabajo.

América Latina también ha sido pionera en la implementación de TMC para las familias de menores ingresos. Casi todos los países implementaron estos programas, con el objetivo de reducir la pobreza infantil, ofreciendo una pequeña cantidad de dinero a las familias bajo ciertas condiciones, como que niños y niñas asistan a la escuela y a controles médicos. Estos programas, lanzados en primer lugar en Brasil y México al final de la década de 1990, se extendieron rápidamente por toda la región (De la O, 2015; Osorio Gonnet, 2018a y 2018b; Barba Solano, 2019). Para el año 2011, dieciocho países en América Latina tenían programas de este tipo, que cubrían a una quinta parte de las familias (Cecchini y Madariaga, 2011; Cecchini y Atuesta, 2017). Como se observa en el Gráfico 3, el porcentaje de la población beneficiada por programas de TMC aumentó de 3,6% de la población total en 2000 a 20,6% en 2016, alcanzando un nivel máximo de 22,6 % en 2010. Sin embargo, la mayoría de estos programas fueron creados por fuera de las asignaciones familiares contributivas u otras prestaciones de la seguridad social. Esto significa que las personas que recibieron TMC fueron incorporadas en los programas de asistencia social diseñados de forma explícita para servir a las familias en condición de pobreza. Esta separación significaba que los trabajadores informales y las personas en situación de pobreza no formaron parte de los mismos arreglos que los trabajadores del sector formal, las familias con ingresos medios y las personas en mejores condiciones socioeconómicas (Antía, 2018; Arza, 2018a). Como tal, la innovación en las políticas amplió el acceso, pero mantuvo la segmentación.

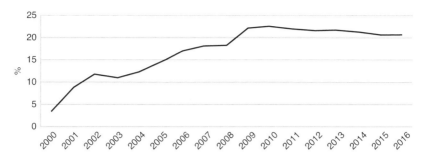

Gráfico 3 América Latina: Población en hogares que reciben TMC (porcentaje de la población total)

Fuente: ECLAC, 2019b: 38.

La ampliación del acceso al sistema de salud fue particularmente significativa en países que no habían obtenido ni los mejores ni los peores resultados durante el período anterior: Colombia, México, Perú y, en menor medida, Ecuador (Bonilla-Chacín y Aguilera, 2013; Montenegro y Acevedo, 2013). Los cambios en cobertura fueron menos significativos en los países que ya tenían un acceso relativamente alto (Brasil, Costa Rica, Chile y Uruguay), así como en algunos países más rezagados en este aspecto (Bolivia, El Salvador, Guatemala, Honduras, Nicaragua y Paraguay). En los países que más progresaron, los servicios de salud se pusieron a disposición de millones de personas (a menudo, por primera vez) sobre todo por medios no contributivos. En esos casos, la expansión mejoró la generosidad y la equidad, aunque persisten importantes desafíos, sobre todo en cuanto a tratamientos médicos más complejos que ponen a las familias en riesgo de enfrentar gastos catastróficos (Martínez Franzoni y Sánchez-Ancochea, 2018).

Los servicios de educación temprana y cuidado de la primera infancia (ECEC, por su sigla en inglés) se extendieron de manera irregular en los países (Berlinski y Schady, 2015; Mateo y Rodriguez-Chamussy, 2015; Arza y Martínez Franzoni, 2018). Un consenso emergente sobre la importancia de estos servicios para mejorar la igualdad de oportunidades de la niñez, promover la eficiencia económica y facilitar la incorporación de las mujeres en el mercado laboral (OECD, 2020), impulsó los esfuerzos para ampliar los servicios de educación inicial y cuidado infantil para familias con bajos ingresos (Blofield y Martínez Franzoni, 2014). Argentina, Chile, Colombia, México y Uruguay son casos de considerable expansión en este área (Esquivel y Kaufman, 2016). Entre 2002 y 2012, la cobertura de educación inicial para niños y niñas de tres a cinco años aumentó del 39,5% al 79,5% en Chile y del 63,5% al 82,6% en México (OECD, 2020). Sin embargo, incluso en los países que lideraron esta expansión, la cobertura para niños y niñas menores de dos años permaneció baja y los servicios de jornada completa siguieron siendo limitados. En general, estas políticas mantuvieron la segmentación en términos del tipo y de la calidad de los servicios de cuidado infantil. Durante este período, los países que disponen de datos, la proporción de niños y niñas que asisten a servicios públicos de jornada completa siguió siendo pequeña.[2]

La distinción entre los servicios educativos y los servicios de cuidado también contribuye a la segmentación. Como lo indican Staab y Gherard (2010), en México existen diferencias significativas en la calidad de los servicios entre instituciones de enseñanza preescolar e instituciones de cuidado infantil, y en Chile la desigualdad entre los sectores público y privado es aún considerable. A fines de los 2000, Costa Rica y Uruguay se destacaron por lanzar programas nacionales de cuidado que, en el caso de Uruguay, iban más allá del cuidado infantil e incluían también el cuidado de personas adultas mayores. En líneas generales, el hecho de plantear el tema del cuidado como un asunto público que justifica una respuesta de política pública fue un cambio notable ya que, hasta hace poco, la problemática del cuidado era vista casi siempre como un asunto exclusivamente privado y familiar.

Al llegar a más personas y cubrir nuevos riesgos sociales, la expansión de la política social contribuyó a mejorar la distribución del ingreso (Levy y Shady, 2013). Según estimaciones de Gasparini *et al.* (2016), el coeficiente de Gini (una medida de la desigualdad) para la región (calculado como promedio no ponderado de quince países) disminuyó de 0,54 en 2003 a 0,47 en 2012. La reducción se produjo en todos los países, excepto Costa Rica y Honduras (Sánchez-Ancochea, 2019). Aunque prácticamente dos tercios de la reducción en la desigualdad en la región se debió a cambios en la distribución de los ingresos laborales debido a la expansión de empleos formales, el aumento del salario mínimo y la reducción de la brecha entre los salarios recibidos por el personal calificado y no calificado (*skill premium*, en inglés) (Lustig *et al.*, 2016), la política social también fue importante. En Brasil, la política social explica casi la mitad de la reducción observada en el coeficiente de Gini (Barros *et al.*, 2010; Alejo *et al.*, 2014). Si consideramos el efecto de las mejoras en la prestación de servicios sociales, como el sistema de salud, el impacto de la política social en la distribución del ingreso podría ser incluso mayor (Lustig y Pereira, 2016).

---

[2] Obtener datos desagregados sobre jornada (parcial o completa) sigue siendo un desafío para las agencias estatales que supervisan la provisión de servicios (Blofield y Martínez Franzoni, 2014; Berlinski y Schady, 2015; Mateo y Rodriguez-Chamussy, 2015). Aunque la mayoría de los países afirma tener un programa nacional de cuidado y educación de la primera infancia de jornada completa, el porcentaje de niños y niñas que usan estos servicios no es fácil de calcular con los datos existentes.

3 Conceptualización y medición de la expansión de la política social: Perspectivas de la literatura

El proceso de expansión de la política social en América Latina recibió la atención de investigadores e instituciones internacionales que iniciaron nuevos programas de investigación, construyeron bases de datos novedosas y desarrollaron conceptos e indicadores para describir y comprender los cambios en la región. En esta sección, nos enfocamos en esta literatura, identificamos las principales dimensiones de análisis para conceptualizar la expansión de la política social latinoamericana, y discutimos sus aportes y limitaciones.

3.1 Las múltiples dimensiones de la expansión de la política social

La investigación sobre política social latinoamericana ha conceptualizado y medido la expansión de muchas formas. En esta sección, exploramos las fortalezas y debilidades de los diferentes enfoques y evaluamos hasta qué punto contribuyen a nuestra comprensión del cambio de política social. En el Cuadro 1 se resumen las principales dimensiones de la expansión que surgen de la literatura existente, y que se analizan en detalle en esta sección.

Existen superposiciones y contradicciones en la literatura entre diferentes categorías; por ejemplo, algunos autores identifican la cobertura de nuevos riesgos sociales como parte del acceso, mientras que otros la incluyen dentro de la generosidad. A continuación, presentamos las diferentes dimensiones de la expansión de forma estilizada, reconociendo que este es un primer paso para unificar la literatura, pero que se necesita más trabajo para llegar a una conceptualización consensuada de la expansión y sus diferentes dimensiones.

3.1.1 Gasto público social

Una primera dimensión que tradicionalmente se ha utilizado para caracterizar y comparar el alcance y la evolución de la política social es el gasto público social. El gasto público social indica cuánto invierte un país en la protección social de la población, y su evolución a lo largo del tiempo refleja la expansión o retracción de la prestación pública de beneficios. La relativamente amplia disponibilidad de datos de gasto público a lo largo del tiempo ha hecho de este indicador uno de los más utilizados para el análisis comparativo de la política social, sobre todo en estudios cuantitativos (Segura-Ubiergo, 2007; Haggard y Kaufman, 2008; Huber y Stephens, 2012; Zarate Tenorio, 2014; Niedzwiecki, 2015; Martín-Mayoral y Sastre, 2017; Flechtner y Sánchez-Ancochea, 2021).

Cuadro 1 Dimensiones de la expansión de la política social

Dimensión	Definición	
Gasto público social	Aumento en el esfuerzo fiscal en protección social (como porcentaje del PIB y/o del gasto público total)	
Acceso	Aumento de la cobertura, incorporación de la población excluida Cobertura de nuevos riesgos sociales; creación de nuevos programas Asignación más transparente y no discrecional de beneficios	Equidad Distribución de los beneficios entre grupos de la población (atraviesa las diferentes dimensiones)
Generosidad y calidad	Aumento del monto de los beneficios monetarios Mejora en la calidad de los servicios sociales	

Fuente: Elaboración propia.

Sin embargo, existe un consenso creciente de que el gasto público, por sí solo, no constituye un indicador claro de la expansión de la política social, ya que nos dice poco no solo acerca de si los recursos realmente llegan a la población objetivo sino también respecto de quién se beneficia y de qué manera. El gasto público social podría, por ejemplo, utilizarse para subsidiar la prestación de servicios sociales privados o aumentar el valor de las pensiones para algunos grupos ocupacionales privilegiados, en lugar de ampliar la protección de la población de menores ingresos.

Hace varias décadas, Esping-Andersen (1990) presentó argumentos sólidos sobre la necesidad de ir más allá del análisis del gasto público, y considerar otros indicadores que reflejan mejor la lógica distributiva de los sistemas de bienestar. Propuso los conceptos de "desmercantilización" (*decommodification*) y "estratificación" para comparar los regímenes de bienestar. La investigación sobre política social latinoamericana también ha ido más allá del gasto para agregar varias dimensiones tales como acceso, generosidad de los beneficios, calidad y equidad. Además, se han construido medidas multidimensionales que combinan dos o más de estas dimensiones.

3.1.2 Acceso

En estudios recientes sobre América Latina, el acceso es la medida más utilizada para dar cuenta de la expansión de la política social. Esto no sorprende, considerando que gran parte de la población ha sido históricamente excluida, tanto del acceso formal como del acceso efectivo a los beneficios (ILO, 2021). El acceso formal se refiere a la existencia del derecho legal a recibir un beneficio ante una contingencia específica. Por ejemplo, las mujeres asalariadas tienen derecho legal a una licencia remunerada de maternidad cuando tienen un hijo, pero, en algunos países, las mujeres que trabajan de forma autónoma no tienen este derecho. El acceso efectivo se refiere a la protección *real* que obtiene la población, teniendo en cuenta la informalidad laboral, la debilidad burocrática y el alcance desigual del Estado a través del territorio, entre otras barreras de acceso.

La tasa de cobertura (la medida más directa de acceso efectivo) se ha convertido en el principal indicador para evaluar y comparar la expansión de la política social. La exclusión de grandes segmentos de la población fue una característica de la seguridad social latinoamericana desde sus orígenes, con beneficios que se dirigen a los *insiders* (trabajadores formales asalariados) pero excluyen a los *outsiders* (trabajadores no asalariados e informales) (Mesa Lago, 1978; Barrientos, 2004; Garay, 2016; Antía, 2018). La población excluida era más pequeña en algunos países, como los del Cono Sur, donde, hacia 1970, la seguridad social había alcanzado al 68% de la población en Argentina, al 76% en Chile y al 95% en Uruguay. En cambio, en América Central, la población excluida era muy grande. Por ejemplo, hacia 1970, 96% de la población se hallaba fuera de la seguridad social en Honduras y 73% en Guatemala (Filgueira, 1998).

Una característica clave de la reciente fase expansiva fue el esfuerzo por incluir a esta población excluida en los programas sociales existentes o en otros nuevos (Carnes y Mares, 2016; Garay, 2016; Blofield, 2019; Cruz-Martínez, 2019). Sobre la base de esta distinción entre *insiders* y *outsiders*, aplicada por primera vez al análisis de la política social en la literatura europea (Rueda, 2005), Garay (2016) define la expansión como la creación de nuevos beneficios sociales o la extensión de los preexistentes a un porcentaje significativo (mayor al 35%) de la población previamente excluida. La autora sostiene que la expansión de los beneficios sociales no discrecionales, a gran escala y estables, dirigidos a las personas excluidas, constituye un avance en la incorporación social de este grupo. Barrientos (2009, 2013, 2019) también ha escrito extensamente sobre los esfuerzos realizados en la región para ampliar el acceso a personas previamente excluidas, y sus implicaciones para el modelo de bienestar latinoamericano.

La literatura sobre política social latinoamericana ha identificado muchas barreras al acceso y, si bien algunas han sido eliminadas en las últimas décadas, otras persisten. Por ejemplo, en el caso del sistema de salud, incluso cuando la tasa de cobertura es alta, el acceso efectivo puede ser menos seguro. García-Subirats *et al.* (2014) ilustran esta tendencia utilizando datos de encuestas municipales en Brasil y Colombia, dos países con diferentes sistemas de salud, pero con un compromiso similar con el acceso universal. Encuentran una multiplicidad de problemas que generan barreras de acceso, desde los obstáculos impuestos por las compañías aseguradoras y los tiempos de espera hasta la insuficiencia de recursos humanos y proveedores de salud. Mientras que en Colombia las barreras para el acceso efectivo se relacionan con el carácter fragmentado del sistema y la participación de las compañías aseguradoras privadas, en Brasil reflejan el desfinanciamiento crónico de los servicios públicos.

Además de incorporar a las personas excluidas en programas nuevos o en programas existentes (expansión horizontal), el acceso también se amplió aumentando los tipos de riesgos sociales cubiertos (expansión vertical). Un ejemplo clave ha sido la creación de nuevos programas o beneficios, como la licencia parental. Centrándose en esta doble dimensión de la expansión horizontal y vertical, Castiglioni (2018) define la expansión de la política social como el aumento en cobertura, la introducción de nuevos o mejores beneficios y/o la creciente presencia del Estado en la provisión y el financiamiento de la política social. En este caso, el enfoque no se centra exclusivamente en la inclusión de la población excluida, sino también en la expansión del alcance de la política social en términos más amplios (al incorporar a más personas, más riesgos sociales, o invertir más recursos).

Finalmente, la eliminación de las barreras de acceso también ocurre cuando los beneficios se vuelven no discrecionales; es decir, cuando se asignan en base a reglas claramente definidas y bien aplicadas. Los beneficios discrecionales, por el contrario, se pueden asignar de manera clientelar o por conexión personal con un funcionario determinado y, por lo tanto, a menudo resultan en un acceso desigual. Históricamente, los países latinoamericanos han experimentado altos niveles de discrecionalidad en la asignación de beneficios (Weitz-Shapiro, 2014), sobre todo en la asistencia social. Por este motivo, el paso de la asignación discrecional hacia otras formas de administración basadas en garantías legales y criterios transparentes constituye una transformación significativa en política social.

Varios trabajos han destacado que la expansión de las prestaciones no discrecionales basadas en derechos en América Latina ha fortalecido la capacidad de la ciudadanía para conocer, reclamar y acceder a los beneficios establecidos en la legislación, generando mayor incorporación social (Cecchini y Martínez, 2012; Sepúlveda, 2014). Algunos estudios recientes ven esta transformación como una forma de expansión. Fairfield y Garay (2017) estudiaron las experiencias de México y Chile bajo gobiernos de derecha como dos casos con menor probabilidad de generar políticas redistributivas. Sus hallazgos indican que ambos países introdujeron nuevos programas sociales estatales no discrecionales en lugar de implementar beneficios clientelares de bajo costo o asignar beneficios a través de organizaciones privadas de beneficencia indirectamente vinculadas a los partidos conservadores. Otra autora que considera la transparencia o discrecionalidad en la asignación de los beneficios como una dimensión de la expansión es Pribble (2013), quien muestra el progreso hacia la transparencia en Uruguay y Chile en las últimas décadas.

Más allá de estos avances, no todas las políticas sociales creadas durante la ola expansiva estuvieron exentas de prácticas discrecionales. De La O (2015) estudia la expansión de las TMC entre 1990 y 2011 y encuentra que mientras que algunos gobiernos establecieron políticas no discrecionales, otros implementaron versiones de las TMC que permitían la manipulación política. Asimismo, en su análisis de programas sociales destinados a ayudar a las personas en condición de pobreza, Díaz-Cayeros, Estévez y Magaloni (2017) destacan la diversidad de resultados en las políticas del reciente período. Su trabajo documenta la expansión de la protección social mediante cuatro vías principales: clientelar, basada en derechos (*entitled*), universalista y fallida. Para el caso de México, concluyen que la población beneficiaria de TMC es seleccionada mediante criterios objetivos, con poco margen para que las personas se autoseleccionen en el programa o para que la clase política priorice a su base social en la selección de los beneficiarios.

3.1.3 Generosidad y calidad

Muchos estudios de la era expansiva de América Latina se enfocan en la generosidad y la calidad de los beneficios. Gran parte de la literatura considera que ambos capturan aspectos similares y aplican el término "generosidad" a las transferencias y "calidad" a los servicios. En este trabajo, adoptamos ese enfoque. Sin embargo, cabe notar que otros estudios incluyen en "generosidad" tanto el nivel de beneficio como los tipos de beneficios ofrecidos o riesgos sociales cubiertos; además, se refieren a "calidad" como la medida en que las personas cubiertas están protegidas de manera adecuada (Blofield y Martínez Franzoni, 2014; Martínez Franzoni y Sánchez-Ancochea, 2016).

La literatura muestra que la generosidad de las transferencias es una dimensión clave para evaluar la expansión de la política social en la década de los 2000. Esto se debe, en parte, a que muchos de los nuevos beneficios se determinan administrativamente y están desvinculados de los salarios. En este aspecto difieren de la práctica habitual durante la primera ola de incorporación social (ca. 1940–1970) que expandió beneficios de la seguridad social como las pensiones de vejez. El valor de esas transferencias se determinaba como un porcentaje del salario previo y esto garantizaba un cierto grado de suficiencia. Por el contrario, las prestaciones monetarias no contributivas que se ampliaron a principios de la década de 2000 generalmente no están vinculadas al salario ni a las líneas de pobreza.

Los estudios sobre la expansión de la política social incorporaron el análisis de la generosidad de los beneficios de modos diversos. Garay (2016) considera la generosidad de los beneficios para determinar los niveles de inclusión. Al comparar las transferencias para *insiders* y *outsiders*, concluye que, en Chile y México, no solo hubo cobertura limitada, sino que la mayoría de los *outsiders* recibieron beneficios bajos, mientras que la cobertura inclusiva iba acompañada de beneficios más altos en Argentina y Brasil. Pribble (2013) subraya que las reformas universalizadoras redujeron las brechas en la generosidad de beneficios que reciben diferentes grupos de la población; mientras que Arza (2019) enfatiza la importancia de incorporar el análisis de la generosidad de los beneficios para comprender la naturaleza y los impactos de la expansión de la cobertura en pensiones de vejez durante la década de los 2000.

Por otro lado, la calidad se refiere al grado de excelencia de los servicios prestados, incluyendo aspectos como la profesionalización del personal en los servicios de salud y cuidado infantil, la idoneidad de la infraestructura y el equipamiento, la proporción entre cantidad de personal y de usuarios, y los tiempos de espera, entre otros muchos indicadores de "qué tan buenos" son los servicios prestados. La calidad es un aspecto crucial, pero poco estudiado, de las políticas sociales, en gran medida porque los datos comparativos están menos disponibles que para otras dimensiones como la cobertura. En general, los estudios que abordan la generosidad de las transferencias y la calidad de los servicios encuentran que, si bien se ha avanzado en estas dimensiones, la región sigue mostrando brechas significativas entre los sistemas contributivos y no contributivos, así como entre los proveedores públicos y privados de servicios. Estas diferencias hacen que, en general, los países en la región continúan proveyendo niveles dispares de protección social a las personas en condición de pobreza que trabajan en el sector informal, en comparación con las personas con ingresos medios que trabajan en el sector formal. Todo esto subraya la importancia de mirar más allá del gasto y de la cobertura al evaluar el carácter de la expansión de la política social latinoamericana.

3.1.4 Equidad

La equidad atraviesa las tres dimensiones que hemos identificado y se refiere a las implicaciones distributivas de la expansión de la política social: cómo el gasto, el acceso, la generosidad y la calidad se distribuyen entre los grupos sociales (por género, clase, ocupación, raza, etnia, situación migratoria, etc.). La equidad es uno de los resultados de las políticas; es decir, cómo la política social incorpora a diferentes grupos en la población. La equidad también está vinculada al impacto de las políticas; es decir, qué efecto produce sobre, por ejemplo, la distribución del ingreso. Aunque la equidad no es una dimensión nueva en el análisis de políticas sociales, las investigaciones latinoamericanistas han innovado en su conceptualización y medición durante las últimas dos décadas.

Una forma en la que varios estudios han abordado la equidad es analizando la distribución de la cobertura entre la población. Por ejemplo, utilizando datos de la CEPAL, Sojo (2017) desagrega la cobertura de la seguridad social por quintil de ingreso, a la vez que toma en cuenta la distribución por sexo. La autora indica que, en 2013, la brecha en el acceso al seguro de salud entre la población del quintil de ingreso más alto y la del quintil de ingreso más bajo fue de 36 puntos porcentuales, en comparación con 42 en 2002. Entre tanto, la brecha en las pensiones contributivas en 2013 fue de 49 puntos porcentuales, dos más que en 2002. En ambos sectores, en promedio, la cobertura para las mujeres mejoró más que la cobertura para los hombres. De igual forma, Arza (2018b) analiza el acceso a las políticas sociales centradas en la niñez en Argentina por tipo de programa y quintil de ingreso. La autora considera que, si bien las nuevas políticas han mejorado el acceso a las transferencias monetarias, la salud y el cuidado infantil, la cobertura se mantiene estratificada entre los grupos de ingreso, tanto en términos de porcentaje de la población incluida como en relación con el programa específico al que cada grupo tiene acceso (por ejemplo, seguridad social o asistencia social, servicios públicos o privados).

La equidad también ha sido medida como la diferencia en el acceso y otras condiciones entre la población pobre y la población no pobre. Por ejemplo, Ewig (2015) compara los cambios en la equidad en tres países que implementaron importantes reformas (Chile, Colombia y Perú), identifica cuatro dimensiones de equidad (protección formal, estratificación, acceso real y desempeño), y concluye que hubo una convergencia hacia una mayor equidad en los tres casos. Cotlear *et al.* (2015) también se enfocan en la salud y proponen una evaluación cualitativa de equidad que tiene en cuenta en qué medida los países han superado los arreglos institucionales que separan a la población pobre del resto.

Otros estudios también se centraron en la equidad. Altman y Castiglioni (2020: 769) definen la política social equitativa como "la extensión de los servicios y beneficios sociales que favorecen una asignación más justa y promueven resultados más equitativos". Su operacionalización de una política social equitativa se basa en un índice que incluye la igualdad en la salud, la igualdad en la educación y la presencia de programas focalizados con prueba de medios, vs. programas universalistas.

Finalmente, algunos trabajos conectaron la discusión de la equidad con el análisis del grado en que los países latinoamericanos se alejaron de las políticas orientadas al mercado implementadas durante las décadas de 1980 y 1990. Esta discusión está parcialmente relacionada con el análisis de la generosidad y la calidad. El uso extendido del mercado para la protección social generalmente afecta de manera negativa a la equidad porque solo quienes pueden pagar servicios privados logran obtener un acceso pleno a servicios de calidad. El crecimiento del mercado puede también reflejar desigualdades preexistentes cuando, ante una oferta pública modesta e insuficiente, la mayoría de las familias que pueden costearlo se ve motivada a contratar servicios privados. Si la cobertura pública es incompleta, o la generosidad y la calidad son deficientes, es probable que más familias compren servicios o seguros privados. Por el contrario, si el Estado, por ejemplo, proporciona cuidado infantil gratuito, de buena calidad, y con horarios compatibles con lo que las familias necesitan, es menos probable que las familias utilicen servicios privados de cuidado infantil.

Martínez Franzoni y Sánchez-Ancochea (2016) consideran esta cuestión en su análisis del universalismo en el Sur, enfocándose en dos dimensiones cruciales: la provisión de servicios (si el servicio que se provee está en manos públicas o privadas) y la existencia de una alternativa externa (si hay opciones no públicas disponibles y cómo están reguladas). El papel de la provisión pública y privada de servicios y seguros sociales afecta al carácter de la expansión, ya que los sistemas privados se enfocan en la provisión individual (en lugar de colectiva) y tienden a vincular los derechos y beneficios a la capacidad de pago de cada persona.

El cambio en el papel del mercado durante el período expansivo es un tema que merece ser más estudiado. Por un lado, está claro que el Estado amplió su papel al aumentar el gasto público y el acceso. Por otro lado, las reformas no siempre han apuntado a deshacer la mercantilización de las décadas anteriores, ni a introducir regulaciones nuevas y más fuertes para los actores privados. El impacto, por lo tanto, ha variado de manera significativa por sector y entre países. En algunos casos, las reformas a las pensiones redujeron el papel del mercado (por ejemplo, Argentina y Bolivia) pero, en la mayoría de los países, las cuentas individuales de pensiones siguieron funcionando (por ejemplo, Chile). También en otras áreas como el seguro de salud, el cuidado infantil y el cuidado de larga duración el papel del mercado siguió siendo importante, incluso durante el período de expansión. En general, la regulación estatal de los servicios sociales privados siguió siendo débil. A diferencia de la literatura sobre regulación de los mercados laborales, la investigación en política social se ha centrado casi exclusivamente en la provisión pública, dejando de lado el análisis comparado de la regulación estatal de los beneficios privados.[3]

3.2 Expansión de la política social y universalismo

Una gran parte de la literatura en política social comparada se basa en la dicotomía entre la focalización y el universalismo (por ejemplo, Esping-Andersen, 1990; Korpi y Palme, 1998). Los programas focalizados se dirigen a grupos específicos de la población. La mayoría de las veces se trata de familias en situación de necesidad económica, que son seleccionadas usando criterios específicos de elegibilidad y técnicas de comprobación de medios, establecidas en las reglas operativas de cada programa social (por ejemplo, las TMC). Bajo esta definición dicotómica, el universalismo es lo opuesto a la focalización, y los programas universales son aquellos que cubren a toda la población, independientemente de los ingresos y la situación laboral (como lo ilustran con claridad los sistemas de salud universales).

Una de las contribuciones más importantes de quienes estudian la política social latinoamericana ha sido ampliar nuestra comprensión del universalismo, centrándose en los resultados más que en el diseño de las políticas y rechazando la dicotomía entre universalismo y focalización (Martínez Franzoni y Sánchez-Ancochea, 2016). En este enfoque, la focalización es vista como un instrumento de política que puede promover o inhibir el universalismo. Martínez Franzoni y Sánchez-Ancochea (2016: 4) consideran el universalismo como un resultado de las políticas sociales que implica "derechos similares y generosos para todas las personas" y que debe considerarse aparte de las herramientas específicas utilizadas para lograr estos resultados. Para establecer grados de universalismo, los autores utilizan una combinación de tres de las dimensiones antes mencionadas: cobertura, generosidad y equidad.

Otros autores han tratado también de conceptualizar y medir el universalismo de la política social en América Latina y aplicarlo al estudio de la expansión durante la década del 2000. Una contribución temprana a esta agenda de investigación fue la de Filgueira *et al.* (2006), quienes introdujeron el concepto de "universalismo básico". Los autores definen el universalismo básico como un conjunto de políticas

---

que garantizan un ingreso mínimo y proporcionan educación básica y servicios de salud gratuitos o subvencionados para todas las personas. Huber y Stephens (2012) se basan en esta definición para analizar la política social redistributiva. Señalan que el universalismo básico es la forma más redistributiva de política social en América Latina y definen la expansión de la política social en términos de la adopción del universalismo básico. Una discusión relacionada fue promovida por la literatura sobre el "ingreso básico ciudadano", la cual analizó el poder transformador de garantizar a toda la ciudadanía un ingreso mínimo (por ejemplo, Lo Vuolo, 1995 y 2013) — un debate que adquirió renovada relevancia en el contexto de la pandemia de COVID-19.

Pribble (2013) también ofrece un análisis comprensivo de la expansión de la política social en términos de universalismo. La autora define el universalismo como un régimen de política social que proporciona a toda la ciudadanía acceso a transferencias suficientes y servicios públicos de alta calidad, prestados de manera no discrecional como un derecho ciudadano. Desde su punto de vista, las reformas recientes pueden ubicarse a lo largo de un espectro que va desde reformas regresivas hasta el universalismo puro. Su análisis revela que la era expansiva se caracterizó por el avance hacia el universalismo en algunos países, aunque en ninguno de ellos se logró alcanzar el universalismo puro y los resultados variaron entre países y entre sectores de política.

En un estudio de género y política social en Perú, Nagels (2018) también aborda la cuestión del universalismo enfocándose en la cobertura, la calidad y la equidad de los servicios. Al igual que otros, la autora trata el universalismo como un concepto de carácter continuo. Su análisis concluye que, a pesar de las reformas, la protección de los derechos sociales siguió siendo débil en Perú, con efectos particularmente adversos para las mujeres.

El concepto de universalismo, en sus diversas formas y definiciones específicas, está vinculado al concepto de segmentación, como se examina más adelante en la Sección 4. Martínez Franzoni y Sánchez-Ancochea (2016) consideran la segmentación como lo opuesto al universalismo. Mientras que el universalismo implica una cobertura amplia y beneficios generosos que se distribuyen de manera equitativa, la segmentación supone cobertura y generosidad limitadas y desiguales. Pribble (2013), por su parte, considera que los Estados de Bienestar universalistas son más eficaces a la hora de limitar la desigualdad y reducir la segmentación.

3.3 Discusión

La investigación sobre política social latinoamericana ha producido novedades significativas durante las últimas dos décadas. Con el objetivo de caracterizar el cambio en un contexto desigual y diverso, la literatura ha desarrollado nuevas herramientas analíticas y formas innovadoras de medir la expansión de las políticas sociales. Parte de esta literatura se relaciona con las discusiones que existen en los países industriales avanzados sobre población incluida versus población excluida, pero la mayoría ha impulsado el campo de estudio en nuevas direcciones, produciendo aportes importantes.

La literatura ha respondido a la complejidad de la política social en la región. Los países han ampliado los programas sociales de diferentes maneras. Algunos se han centrado en sumar a nuevos grupos de la población a los programas preexistentes, en tanto otros han preferido crear nuevos programas no contributivos para la población de bajos ingresos. Algunos programas han enfatizado la generosidad de los beneficios, mientras otros se han centrado en la cobertura.

Toda esta literatura confirma una idea bien conocida, pero a menudo olvidada. Los indicadores ampliamente usados, como el gasto y la cobertura, por sí solos, son insuficientes para entender cabalmente el cambio en las políticas y para poder realizar comparaciones significativas entre países y a lo largo del tiempo. El efecto expansivo del gasto es diferente cuando se dirige a mejorar los hospitales urbanos para la clase media que cuando apoya clínicas de atención primaria. Asimismo, la expansión de la cobertura puede reducir las desigualdades en la protección social o perpetuarlas. En los países de ingresos medios de América Latina, existen nuevos retos. Si bien muchos países han logrado el acceso universal a la educación primaria, por ejemplo, la calidad de esos servicios sigue siendo un desafío significativo. Por esta razón, el énfasis en nuevas dimensiones de análisis y el uso de mediciones multidimensionales son innovaciones bienvenidas en la literatura.

Encontramos dos contribuciones de esta literatura particularmente prometedoras para futuros estudios de política social en América Latina y el resto del mundo: el enfoque multidimensional para entender la expansión y el renovado análisis del universalismo. Más allá de la cobertura y del gasto, varios estudios han destacado las nuevas dimensiones de la expansión de las políticas sociales, en particular la generosidad/calidad y la equidad, y han desarrollado medidas multidimensionales innovadoras para una evaluación más completa de las reformas de políticas públicas. Al hacerlo, han abierto una nueva agenda de investigación y una oportunidad para evaluar la transformación y el cambio de la política social. El enfoque multidimensional también ha permitido identificar países que avanzan en algunas dimensiones, pero no en otras. Por otro lado, quienes estudian la economía política latinoamericana han avanzado hacia una comprensión más matizada del universalismo, argumentando que se entiende mejor como un continuo más que como una variable dicotómica, lo cual es particularmente útil en el sur global, donde pocos países han impulsado un modelo universalista pleno, y aun así varían significativamente con respecto a los avances realizados en esa dirección. Estos aportes mejoran nuestra comprensión de la expansión y el cambio de la política social latinoamericana. Esto es útil no solo para analizar el período expansivo, sino también para el período de estancamiento que ha seguido, incluidas las respuestas de política social de los gobiernos a la pandemia de COVID-19. Volveremos a este punto en las Secciones 7 y 8.

En conjunto, encontramos que quienes estudian el tema han desarrollado nuevas maneras de conceptualizar y medir la expansión de la política social. Esta diversidad genera conclusiones divergentes sobre lo que realmente sucedió durante la era expansiva. En la siguiente sección, presentamos nuestra propia caracterización de este período. Encontramos que la expansión en la primera década del siglo veintiuno fue una expansión segmentada según clase social, situación en el mercado laboral, género, raza, etnia, ciudadanía y lugar de residencia, y fue desigual entre sectores de política social.

4 El carácter del cambio: Una expansión segmentada

Los primeros años del siglo veintiuno fueron un período de expansión de la política social en América Latina, en particular en términos de acceso. Por supuesto, hubo heterogeneidad en el alcance de este cambio, pero la tendencia general hacia un mayor acceso es clara. No obstante, una pregunta clave es hasta qué punto esta expansión transformó el carácter subyacente de los regímenes de bienestar latinoamericanos y de qué manera.

Sobre la base de los estudios del cambio en la política social latinoamericana durante la primera década del siglo veintiuno, incluida nuestra propia investigación en varios países, sostenemos que la expansión de la política social fue significativa pero segmentada entre las poblaciones y despareja entre sectores de política. Los países ampliaron el acceso, el gasto público social y, en algunos casos, la generosidad de los beneficios, pero las políticas han mantenido, en su mayor parte, diferentes "carriles" de incorporación para diferentes grupos de personas. El acceso ha mejorado, pero de manera fragmentada y heterogénea y sin una transformación estructural de las arquitecturas de bienestar existentes. Una estructura fragmentada de la política social ofrece beneficios distintos para las personas, según trabajen de manera formal o informal, y para la población de clase media o en condición de pobreza. La naturaleza segmentada de la incorporación social va incluso más allá de la situación en el mercado laboral y se basa también en otros importantes factores estratificadores como el género, la raza, la etnia y el estatus migratorio.

Para conceptualizar la segmentación, nos basamos en la literatura existente. Como explican Martínez Franzoni y Sánchez-Ancochea (2018), la literatura ha utilizado el término de dos maneras relacionadas pero diferentes: para hacer referencia a programas sociales compartimentarizados con más de un punto de entrada dentro del mismo ámbito de política (por ejemplo, la separación de la seguridad social y de la asistencia social en los servicios de salud o las prestaciones familiares) o para hacer referencia al resultado de la política social. Las dos definiciones están relacionadas (la existencia de diferentes programas probablemente conducirá a resultados diferentes) pero se refieren a diferentes niveles de análisis: la estructura institucional de las políticas sociales y sus resultados.

Martínez Franzoni y Sánchez-Ancochea (2016, 2018) se centran en los resultados, y definen la segmentación como lo opuesto al universalismo. La segmentación ocurre cuando hay cobertura limitada y de baja generosidad y equidad; en otras palabras, cuando un número significativo de personas está insuficientemente protegido o cuando la protección es desigual entre grupos diferentes. Por supuesto, los países pueden avanzar más en términos de una dimensión (por ejemplo, la cobertura) que en las otras.

Otros trabajos usan el término "segmentación" para referirse a la naturaleza fragmentada de la política social, centrándose en el acceso desigual a los beneficios. La segmentación se produce, por ejemplo, cuando las personas asalariadas tienen derecho a servicios de mayor calidad que quienes trabajan de forma autónoma, en zonas rurales o como personal doméstico. Barrientos (2011) sostiene que "la difusión de la asistencia social podría haber reducido la naturaleza truncada de la protección social, pero esto se ha logrado exacerbando la segmentación. En la mayoría de los países, la asistencia social se institucionaliza separadamente de la seguridad social" (p. 14). Del mismo modo, como explican Cotlear *et al.* (2015), la diferencia en el financiamiento y el suministro de los servicios para el sector formal y el sector informal que no está en situación de pobreza, por un lado, y la población en situación de pobreza o vulnerable, por otro, es una característica de larga data en la mayoría de los países latinoamericanos que produce segmentación.

Muchos estudios se han referido a la segmentación, en una o ambas de estas formas relacionadas, como una característica central de la reciente expansión de la política social, y un factor que limitó un cambio más profundo y progresista (Hunter y Borges Sugiyama, 2009; Barrientos, 2011; Ewig y Kay, 2011; Antía, Castillo, Fuentes y Midaglia, 2013, Antía, Castillo y Midaglia, 2015; Danani y Hintze, 2014; Antía, 2018; Arza, 2018b, Martínez Franzoni y Sánchez Ancochea, 2018, entre otros). Otros trabajos también destacan los límites de las recientes innovaciones en políticas para lograr un cambio transformador (Lavinas, 2015 y 2017; Lo Vuolo, 2016). Considerando las diferentes dimensiones de la expansión de la política social presentadas en la Sección 3, argumentamos que los avances no están distribuidos por igual entre la población, sino notablemente segmentados por clase social y situación en el mercado laboral, género, raza, etnia, ciudadanía y zona de residencia (rural versus urbana). La mayoría de los países han ampliado el acceso y el gasto público social y, en menor grado, la generosidad de los beneficios. Sin embargo, en la mayoría de los casos, los países han mantenido diferentes "carriles" de incorporación para diferentes grupos de la población, reproduciendo así la segmentación.

La segmentación por **clase social y situación en el mercado laboral** es una característica de los sistemas latinoamericanos de protección social. Este fue uno de los desafíos que la reciente expansión pretendía abordar. La incorporación de quienes trabajan de manera informal en los sistemas de protección social, sobre todo como resultado de la expansión de las TMC, las pensiones no contributivas y los servicios básicos de salud en algunos países, redujo las brechas de cobertura existentes (Huber y Stephens, 2012; Cotlear *et al.* (2015); Antía, Castillo y Midaglia, 2015; Blofield y Martínez Franzoni, 2014; Anria y Niedzwiecki, 2016; Garay, 2016; Antía, 2018; Bernales-Baksai y Solar-Hormazábal, 2018). Según Ocampo y Gómez-Arteaga (2016), la cobertura en salud y pensiones de la población no asalariada ha experimentado un marcado aumento. De hecho, las mejoras en salud han sido mayores entre las personas no asalariadas, lo que ha reducido o eliminado brechas anteriores. Sin embargo, incluso en los países que tuvieron los mayores aumentos en la cobertura, cuando incluimos otras dimensiones (generosidad y calidad), el progreso a la hora de cerrar brechas y promover la igualdad entre las categorías de ocupación y clases sociales es más limitado. Por ejemplo, en el caso de la salud, los datos muestran desigualdades persistentes y significativas en el acceso por tipo de empleo y nivel de ingreso. La cobertura contributiva siguió siendo baja y una parte significativa de la población permaneció sin protección (Ocampo y Gómez-Arteaga, 2016). Un patrón similar se puede observar en las pensiones por vejez, donde las brechas de cobertura se redujeron, pero las brechas en generosidad entre las prestaciones contributivas y no contributivas siguieron siendo amplias (Arza, 2019).

La segmentación por **género** también ha sido generalizada en América Latina. El impacto de la reciente expansión de la política social en la reducción de las desigualdades de género con relación al acceso a la protección social ha variado entre sectores y países. Una de las principales preocupaciones en la literatura de género y política social es si la política social promueve la autonomía de las mujeres, reduce su dependencia de los mercados y de los hombres, y altera la división sexual del trabajo. Para identificar los logros alcanzados es necesario comparar la cobertura y la generosidad de los beneficios recibidos por las mujeres con los de los hombres. También es importante considerar las condiciones de elegibilidad que determinan el acceso de las mujeres a los beneficios: por su condición ciudadana, por su rol en la familia o por su situación de necesidad. Arza y Martínez Franzoni (2018) evaluaron los efectos del período expansivo en las relaciones de género centrándose en las pensiones por vejez, las transferencias monetarias y los servicios de cuidado, y encontraron resultados mixtos. Las mujeres mejoraron su acceso autónomo a los recursos, debilitando la dependencia del mercado y de los hombres como sostén familiar. Sin embargo, las brechas de género siguen siendo amplias y es poco probable que se cierren en el corto plazo. Estas brechas se pueden ver en el hecho de que las mujeres presentan tasas más bajas de cobertura de pensiones y menores beneficios que los hombres; los programas de transferencias monetarias son maternalistas en su diseño y proporcionan beneficios relativamente pequeños, y los servicios de cuidado todavía están poco desarrollados.

Gideon y Molyneux (2012) también muestran que los resultados del período expansivo han sido mixtos cuando se ven a través de una lente de género, con una amplia diversidad regional. Staab (2012) indica que el acceso a los programas sociales en Chile se amplió en tres áreas críticas para la equidad de género: servicios de educación inicial y cuidado infantil, licencias parentales, e introducción de créditos de cuidado infantil en el sistema de pensiones. Al menos dos de los tres programas (los servicios de educación inicial y cuidado infantil y las licencias parentales) no se apartan de las tradiciones maternalistas de la política social latinoamericana. De manera similar, Martínez Franzoni y Voorend (2012) analizan los programas de transferencias monetarias en Costa Rica, Chile y El Salvador y encuentran que, a pesar de la variación entre naciones, estos programas tienden a reducir la pobreza y la desigualdad de ingresos entre las mujeres. Sin embargo, también señalan que estos programas se orientan a las mujeres como instrumento para llegar a la niñez, y tienen poco impacto sobre otros aspectos de las relaciones de género, como el respeto, el tiempo libre, la marginación y la explotación del trabajo no remunerado de las mujeres. Las TMC ponen dinero en manos de las mujeres, contribuyendo a la desmercantilización de su bienestar material, pero son maternalistas y reproducen la concepción de la mujer principal o exclusivamente como cuidadora. Además, en América Latina las TMC tienen bajos niveles de generosidad e incluyen condicionalidades que podrían entrar en conflicto con la participación laboral de las mujeres (Molyneux, 2006 y 2009; Molyneux, Jones y Samuels, 2016; Cookson, 2017).

Estos resultados mixtos en términos de género se observan también en otros sectores de política. Para el sistema de salud, Gideon (2012) muestra que la expansión en el acceso contrasta con los escasos avances logrados en integrar la perspectiva de género en este sector. En cuanto a las pensiones por vejez, Arza (2017) muestra que las reformas en Argentina, Bolivia, Brasil y Chile ampliaron el acceso para las mujeres y algunas también introdujeron medidas de igualdad de género de forma explícita. Sin embargo, persisten las brechas de género en acceso y generosidad y muchas mujeres solo reciben pensiones no contributivas, considerablemente menores que los beneficios recibidos por los hombres. En relación con las políticas de cuidado, la literatura sugiere que hubo más avance en la cobertura que en la reconfiguración de los roles de género (Blofield y Martínez Franzoni, 2014) y que sigue habiendo un menor acceso a los servicios de cuidado para las familias más pobres (Faur, 2014). La reproducción de los roles tradicionales de género también refleja el papel marginal de los hombres como sujetos de los debates y las políticas de cuidado infantil (Staab, 2012; Blofield, 2016; Blofield y Martínez Franzoni, 2014).

La segmentación por **raza y etnia** también se mantuvo durante la fase expansiva de la política social latinoamericana. A principios de la primera década del siglo veintiuno, los pueblos afrodescendientes e indígenas tenían menos acceso a salud, educación y vivienda que las personas latinoamericanas blancas y mestizas (Giuffrida, 2007; Mayer-Foulkes y Larrea, 2007; Romero y Orantes, 2017).[4] Un puñado de estudios sugieren que el período expansivo produjo reformas políticas que ampliaron el acceso para los grupos indígenas y afrodescendientes, pero señalan que persisten profundas desigualdades raciales y étnicas.

Utilizando una lente interseccional, Ewig (2018) muestra que la reforma de 2010 a las pensiones en Bolivia produjo importantes avances en cuanto al género; en concreto, la utilización de una única tabla de mortalidad para el cálculo de las pensiones de hombres y mujeres y la creación de un crédito contributivo de un año por cada hijo para las mujeres. Sin embargo, la política excluyó en gran medida las preocupaciones específicas de las mujeres indígenas (Ewig, 2018: 454).[5] En el ámbito de la educación, Brasil, Colombia, Ecuador, Honduras y Uruguay adoptaron políticas de acción afirmativa que se consideran un prerrequisito clave para promover la movilidad ascendente entre los grupos afrodescendientes e indígenas (Hernández, 2013). Brasil, en particular, ha sido pionero en la adopción de programas de acción afirmativa, tanto a nivel

---

[4] Para nuestros propósitos, las poblaciones mestizas se definen como aquellas conformadas por personas de ascendencia mixta española e indígena. El concepto de "mestizaje" ha sido utilizado en los intentos de unificar a la nación y ha tenido el efecto de invisibilizar a los pueblos indígenas y negros en la región. Hoy se manifiesta en la falta general de datos históricos por raza y etnia (Moreno Figueroa y Saldívar Tanaka, 2016).

[5] Otros aportes también han subrayado la necesidad de incluir enfoques interculturales para el estudio, el diseño y la implementación de políticas sociales (Correa Aste, 2011; Guendel, 2011).

municipal como federal, para reducir las brechas raciales en el acceso a educación superior y a los empleos con mejores salarios (Telles y Paixão, 2013). Si bien esto es importante, la investigación muestra que las diferencias raciales en el acceso a la educación continúan existiendo en Brasil (Vieira y Arends-Kuenning, 2019).

La salud es otro sector en el que las disparidades raciales y étnicas han sido notables. Estas disparidades son el resultado de múltiples factores como el racismo institucional y las diferencias de ingresos, nivel educativo, condición de pobreza y lugar de residencia, solo por nombrar algunos (Giuffrida, 2010). La desigualdad racial y étnica en los indicadores de salud es común en América Latina, sobre todo en morbilidad y mortalidad. Brasil, una vez más, ha sido pionero en la producción de políticas para combatir el racismo institucional en el sector de la salud pública, incluido el *Programa de Combate ao Racismo Institucional* (Programa de Lucha contra el Racismo Institucional) en Salvador de Bahía y el *Preenchimento de Quesito Raça/Cor* (Llenado de la Pregunta Raza/Color) en São Paulo (Caldwell, 2017).

Las poblaciones indígenas, sobre todo las que viven en zonas aisladas, enfrentan dificultades de acceso a servicios de salud, a nutrición adecuada y a agua potable. Estos factores, sumados a mayores tasas de pobreza, producen desigualdades en las condiciones de salud de la población (Perreira y Telles, 2014: 248). Al estudiar las décadas de 1980 y 1990, Ewig (2012) muestra que el acceso a los derechos sociales es particularmente difícil para las mujeres indígenas, debido al arbitrario enfoque sobre sus derechos sexuales y reproductivos en el contexto de la reforma peruana. La presunta esterilización forzada de unas 300.000 mujeres procedentes de zonas rurales, en su mayoría indígenas, motivó la denuncia contra el expresidente Fujimori (1990–2000) en 2018 y su posterior juicio a partir de marzo de 2021. Las disparidades en salud también son evidentes entre las poblaciones afrodescendientes de América Latina. En Colombia, Ewig y Hernández (2009: 1149) analizan los efectos de la reforma al sistema de salud de 1993 y encuentran que, para el año 2003, el 53,9% de las personas afrodescendientes no tenía cobertura, en comparación con el 32,9% de la población en su conjunto. A su vez, Caldwell (2017: 11) indica que los brasileños blancos (*brancos*) viven, en promedio, seis años más que los brasileños negros (*pretos*) y morenos (*pardos*).

Dos estudios realizados por Lustig y sus colaboradores estiman el impacto de las políticas públicas en la población afrodescendiente e indígena en algunos países latinoamericanos. En los casos de Bolivia, Brasil y Guatemala, Lustig (2017) encuentra que estos grupos están sobrerrepresentados entre las personas en condición de pobreza. En Bolivia, la tasa de pobreza entre la población indígena es del 31,5%, en comparación con el 14,7% para la población no indígena. En Guatemala, la diferencia es aún mayor: 46,6% frente a 20,6%. En Brasil, el 14,6% de la población afrodescendiente se encuentra por debajo de la línea de pobreza, en comparación con solo el 5,2% de la población blanca. Lustig muestra que la combinación de transferencias sociales e impuestos directos beneficia a la población afrodescendiente e indígena, pero que el impacto es escaso. Además, al considerar el papel de los impuestos indirectos y otros subsidios, el efecto positivo casi desaparece en los tres países. En un estudio realizado en Guatemala, Cabrera, Lustig y Morán (2015) demuestran que las pensiones no contributivas y los programas de transferencias monetarias condicionadas son de gran beneficio para la población indígena, mientras que la educación y la salud tienen un menor impacto redistributivo. En general, consideran que el impacto de la política social en la redistribución de los ingresos en favor de los pueblos indígenas sigue siendo limitado. El ingreso promedio per cápita, después de impuestos y gasto social, es 2,03 veces mayor para la población no indígena que para la población indígena, en comparación con una relación de 2,13 en el caso de los ingresos de mercado.

En general, la literatura sugiere que la expansión del acceso a la política social durante los primeros años del siglo veintiuno benefició a la población afrodescendiente e indígena, pero su cobertura y sus niveles de beneficios siguen siendo inferiores a los de la población blanca y mestiza. Sin embargo, es difícil sacar conclusiones firmes, ya que la literatura comparada no ha generado aún la evidencia necesaria. Debemos evaluar si la segmentación racial y étnica disminuyó, permaneció igual o incluso aumentó durante el período expansivo de América Latina.

La segmentación, y la consecuente reproducción de las desigualdades estructurales, también es evidente en la persistente exclusión de las personas **inmigrantes** de los programas de protección social. Su incorporación es un desafío al que la literatura sobre política social latinoamericana ha prestado poca atención, en parte debido a la limitada disponibilidad de datos. El movimiento masivo de personas a través de las fronteras nacionales desafía el "tipo ideal" de usuario de la política social, implícito en la literatura (es decir, población ciudadana). El acceso segmentado de inmigrantes a los servicios y a las transferencias es producto de requisitos de acceso excluyentes (por ejemplo, muchos años de residencia, lo que pone a las personas inmigrantes en desventaja), de una incorporación desigual en mercado laboral, y de la vulnerabilidad producto de la falta de documentación (Niedzwiecki, 2021).

Como ocurrió con la raza y la etnia, la expansión de la política social quizás ha incorporado a las personas inmigrantes, pero, a la vez, ha mantenido la segmentación entre quienes son parte de la ciudadanía y quienes no lo son. En Argentina, desde 2004, la posibilidad de jubilarse con menos años de contribuciones (la "moratoria") aumentó la cobertura general en las pensiones contributivas, incluida la de la población inmigrante. La reforma disminuyó, pero no eliminó, la brecha en el acceso a las pensiones contributivas entre personas ciudadanas e inmigrantes. La política mejoró el acceso de toda la población residente, pero la cobertura para los hombres nacidos en el extranjero fue nueve puntos porcentuales menos que para el total de la población; y para las mujeres nacidas en el extranjero fue de veintidós puntos menos (Sala, 2017: 131–132). En esta misma línea, en su análisis de las pensiones no contributivas en veintiocho países latinoamericanos, Cruz-Martínez (2019) encuentra que los mecanismos de focalización discriminan a las personas inmigrantes, con variaciones entre países. Indica que los programas de pensiones sociales en Cuba y Jamaica tienen los criterios de elegibilidad más inclusivos para la población inmigrante, mientras que los programas en Colombia, Brasil, Guatemala, Paraguay, Uruguay, Bermudas, Ecuador, Panamá y Perú son los más "antinmigrantes".

La segmentación por estado migratorio también es frecuente en el sistema de salud, pero los datos comparativos son escasos (Cabieses *et al.*, 2013). Por ejemplo, Noy y Voorend (2016) y Voorend (2019) muestran que una reforma de 2009 en Costa Rica complicó el acceso a la salud para las personas inmigrantes irregulares e indocumentadas (en especial, nicaragüenses). Antes de 2009, las personas inmigrantes generalmente podían tener acceso a atención gratuita de emergencia y pagar atención que no fuera de emergencia a través de su trabajo o una cuota voluntaria. Después de 2009, las personas inmigrantes tuvieron que mostrar afiliación a la Caja Costarricense del Seguro Social (CCSS) para ser regularizadas, pero la afiliación a la CCSS requiere regularización. Esto creó una situación imposible que contribuyó a la desigualdad entre inmigrantes y ciudadanos, según estén o no regularizados. En 2013 el 35% de la población nicaragüense inmigrante carecía de acceso al seguro de salud en Costa Rica, comparado con el 13% de la población ciudadana costarricense (Voorend, 2019).

La segmentación por **zona de residencia** también es un problema de larga data en los sistemas de protección social latinoamericanos, que ha recibido cada vez más atención en los últimos años. Las investigaciones que examinan la implementación de la política social a nivel subnacional ofrecen evidencia de la ejecución dispar de los programas en el territorio. Estas contribuciones cuestionan las generalizaciones sobre la expansión de la política social durante la primera década del siglo veintiuno y señalan la importancia de considerar no solo el diseño de las políticas sociales, sino también su implementación y el acceso efectivo de toda la población residente (Fenwick, 2009 y 2016; Alves, 2015; Pribble, 2015; Niedzwiecki, 2016 y 2018; Giraudy y Pribble, 2018; Giraudy *et al.*, 2019).

Niedzwiecki (2016, 2018) se centra en la expansión de los servicios primarios de salud y los programas de transferencias monetarias condicionadas, y considera que la implementación ha sido dispar en todo el territorio nacional. Estudia la cobertura de estas políticas sociales en los estados/provincias y municipios de Brasil y Argentina a lo largo del tiempo. La autora indica que el programa argentino de transferencias monetarias condicionadas, Asignación Universal por Hija e Hijo, llegó a todas las familias en condición de pobreza en el primer año que fue implementado en las provincias de Santa Cruz y La Pampa, mientras que en San Luis alcanzó menos del 10% de dicha población. En Brasil, Bolsa Família cubrió a casi la mitad de la población objetivo en los estados de Piauí, Ceará, Río Grande do Norte, Paraíba y Alagoas en 2004. Por el contrario, en los estados de Río de Janeiro, Amapá y Mato Grosso do Sul, el programa de transferencias monetarias condicionadas llegó a menos del 15 % de la población objetivo. Esto significa que el acceso a los TMC está condicionado al lugar de residencia. De forma similar, Pribble (2015) encuentra que la eficacia de los programas de inserción laboral varía ampliamente entre los municipios chilenos.

La desigualdad territorial es un calificador necesario en los análisis de la expansión del bienestar. Giraudy y Pribble (2018) muestran, por ejemplo, que cuando las tasas nacionales de cobertura de vacunación se ajustan según los niveles de desigualdad subnacional en la cobertura, algunos países parecen haber logrado un progreso menos impresionante de lo esperado. De manera similar, Otero-Bahamon (2016) ofrece una medición de la desigualdad subnacional que desafía la noción dominante de que la expansión ha sido uniforme y transformadora, y señala una nueva forma de segmentación subnacional.

Además de segmentada entre poblaciones y territorios, la expansión también ha sido dispar entre los **sectores de la política social**. Por ejemplo, Holland y Schneider (2017) sostienen que la expansión de los beneficios no contributivos ha sido bastante generalizada y relativamente fácil de lograr en toda América Latina, pero otras áreas, como el seguro social y las mejoras en la calidad de los servicios públicos, son más difíciles debido a la complejidad de la coalición política requerida para impulsar la reforma. Lo mismo ocurre con las nuevas áreas de intervención, como las políticas de cuidado, que compiten por recursos con otros sectores más establecidos, como la educación y la seguridad social, y con las políticas consideradas más urgentes o políticamente populares, como las transferencias monetarias. En el mismo sentido, Castiglioni (2018) muestra que, incluso dentro del mismo país y período, se observan diferencias importantes en los niveles de expansión y resultados entre sectores de política social. Pribble (2013) llega a la misma conclusión para el universalismo, al demostrar que el progreso fue dispar entre sectores de política.

En conjunto, afirmamos que la segmentación por clase social y situación en el mercado laboral, género, raza y etnia, ciudadanía y zona de residencia sigue siendo significativa en América Latina, a pesar de más de una década de expansión de la política social. Este hecho empírico plantea importantes interrogantes sobre la medida en que las reformas expansivas de la política social de la primera década del siglo veintiuno cambiaron el carácter desigual de los sistemas de bienestar latinoamericanos. Encontramos que, a pesar de los avances en términos de cobertura y niveles de beneficios, la expansión de la política social no ha podido alejarse de sus patrones históricos de exclusión, dualismo, residualismo y desigualdad. Tampoco logró alterar los derechos y beneficios para las poblaciones anteriormente excluidas de manera significativa, a través de garantizar beneficios adecuados, mejorar la calidad de los servicios o ampliar la gama de intervenciones de política social para cubrir los riesgos del curso de sus vidas de manera más integral.

5 Explicando la expansión segmentada: Democracia, auge económico y legados de política

Sobre la base de la literatura existente, argumentamos que la democracia y un contexto económico favorable facilitaron la expansión de la política social, mientras que los respectivos legados de las políticas sociales explican su carácter segmentado. La democracia facilitó la expansión porque creó las condiciones para que, (1) a largo plazo, las personas y los partidos se organizaran y demandaran beneficios sociales, y (2) en el corto plazo, la competencia electoral generara incentivos para que los gobiernos de turno expandieran sus políticas sociales. Las condiciones económicas favorables durante la primera década del siglo veintiuno aportaron los recursos necesarios para responder a demandas sociales sin desencadenar el tipo de luchas distributivas o de restricciones fiscales que habían limitado la expansión en el pasado. Esta variable de bonanza económica es a menudo mencionada en la literatura, pero ha sido poco explorada en profundidad. Es así como la democracia y el auge económico facilitaron la expansión de la política social. Los legados de políticas sociales (incluyendo las reglas institucionales, pero también las prácticas, los intereses, los valores, los conflictos, y las políticas que fomentaron) contribuyeron a mantener sistemas de protección social muy desiguales, tanto en términos de generosidad como de calidad de, produciendo una expansión segmentada.[6]

---

[6] En el proceso de construir un argumento que sintetice la literatura sobre los factores que explican la expansión de la política social hemos centrado nuestra atención en áreas de consenso en la literatura, más que en desacuerdos. Con esta salvedad en mente, esta sección y la siguiente también incluyen algunos de los principales desacuerdos teóricos en la literatura, tales como las

5.1 Democracia

La democracia facilitó la expansión de la política social en América Latina mediante mecanismos de corto y largo plazo. A largo plazo, la democracia generó el espacio para que las organizaciones de la sociedad civil y los partidos de izquierda se movilizaran. Con el tiempo, el incremento de los recursos de poder de estas organizaciones generó presión para la expansión de los programas sociales. En el corto plazo, las elecciones cada vez más competitivas, incentivaron a las élites políticas a prometer expandir la política social durante las campañas electorales y cumplir esas promesas una vez en el gobierno. La democracia generó incentivos para que los partidos políticos en el gobierno expandieran las políticas sociales existentes a un segmento más amplio de la población, creando nuevos programas o cubriendo nuevos riesgos sociales.[7]

5.1.1 Los efectos de la democracia a largo plazo: Los partidos y las organizaciones de la sociedad civil

Desde las transiciones de la década de 1980, América Latina ha disfrutado de un período democrático relativamente estable. Incluso antes de la fase expansiva, los análisis estadísticos mostraban que los años acumulados de democracia (en general, al menos veinte años) tendieron a aumentar el gasto social, destacando la importancia de los procesos de cambio a largo plazo (Huber y Stephens, 2012; ver también: Haggard y Kaufman, 2008; Niedzwiecki, 2015). Huber, Mustillo y Stephens (2008) muestran que las democracias tienen un impacto positivo a largo plazo en el gasto en seguridad social, salud y educación. Según

distintas perspectivas sobre el rol de los partidos, la movilización social y los actores e ideas internacionales.

[7] Es importante aclarar que reconocemos que la democracia y la competencia política pueden impulsar la política social en una dirección más expansiva y universal, pero también pueden dar lugar a políticas públicas más segmentadas. De hecho, la literatura sobre economía política latinoamericana ha demostrado que durante el siglo veinte a menudo la democracia ha tenido un efecto limitado o incluso ha sido incapaz de promover la expansión de la política social. Esto se debe, en parte, a los problemas asociados con la debilidad de partidos políticos no programáticos, la inestabilidad institucional, el clientelismo, los sindicatos relativamente débiles y la captura del Estado por parte de las élites (véase por ejemplo O'Donnell, 1994; Calvo y Murillo, 2014; Weitz-Shapiro, 2014; Tillin y Duckett, 2017: 265; Brinks *et al.*, 2019). Sostenemos que la alta desigualdad en la política social no es el resultado directo de la democracia, sino más bien el producto de cómo la democracia opera en un contexto de legados de políticas públicas segmentadas. En otras palabras, encontramos que es más probable que la competencia política produzca segmentación cuando el diseño de las políticas existentes, o los legados de las políticas previas, empoderan a ciertos actores, otorgan privilegios especiales y generan preferencias que favorecen el mantenimiento de la segmentación. Por esta razón, centramos nuestra atención en las formas en que los legados de política, más que la democracia, influyen en la segmentación.

McGuire (2010), la democracia protege la libertad de expresión y aumenta las expectativas de la ciudadanía en cuanto a sus derechos sociales, generando así un entorno favorable para la expansión de beneficios a sectores previamente marginados. De hecho, los países con democracias más consolidadas y de más larga duración (como Costa Rica, Chile y Uruguay) también son aquellos que tienen las políticas sociales más generosas (Segura-Ubiergo, 2007). Durante la primera década del siglo veintiuno, la democracia empoderó a los partidos de izquierda y a los actores sociales organizados que demandaron la expansión de la política social (Huber y Stephens, 2012).

5.1.1.1 Democracia y partidos progresistas

La literatura sobre Europa ha establecido un vínculo estrecho entre la democracia, los partidos políticos y la expansión del Estado de Bienestar. Según la Teoría de los Recursos de Poder (Korpi, 1989; Esping-Andersen, 1990), la presencia de partidos socialdemócratas fuertes que cuenten con el apoyo de la clase trabajadora organizada ha sido crucial para el surgimiento y la expansión del Estado de Bienestar. En este enfoque, la democracia se da por sentada y se considera un prerrequisito, ya que es el único régimen político que permite a los partidos políticos progresistas y a la clase trabajadora organizarse, tener acceso al poder, e introducir mejores beneficios (ver por ejemplo Korpi, 1989; Esping-Andersen, 1990).

Algunos estudios sobre la política social expansiva en América Latina durante la "marea rosa" (Smith, 2012) o los "giros a la izquierda" (en plural) (Cameron, Hershberg y Beasley-Murray, 2010) se basan en la Teoría de los Recursos de Poder destacando cómo la democracia sostenida en el tiempo abrió un espacio para que los partidos de izquierda crearan y ampliaran su alcance hacia finales del siglo veinte y principios del siglo veintiuno. Huber y Stephens (2012: 32) aplican esta teoría sobre el rol de la izquierda en Europa y sostienen que la misma tiene poder explicativo en América Latina, ya que los partidos de izquierda en la región también privilegian las políticas sociales redistributivas que benefician a los grupos marginados.

Huber y Stephens (2012) sostienen que la democracia y el poder de los partidos de izquierda influyeron en la expansión de la política social, tanto históricamente como durante los primeros años del siglo veintiuno. Su investigación demuestra que los regímenes democráticos sostenidos en el tiempo permitieron el desarrollo y la victoria electoral de la izquierda, lo que, a su vez, facilitó la expansión de la política social. La democracia y la presencia de la izquierda en el gobierno equilibran la distribución del poder y permiten que surjan demandas sociales que, en última instancia, producen políticas más igualitarias. De manera similar, Huber y Niedzwiecki (2015, 2018) destacan el papel de los partidos de izquierda en la expansión de la política social en Argentina, Brasil, Chile y Uruguay en la primera década del siglo veintiuno.

Madrid, Hunter y Weyland (2010) aducen que uno de los objetivos centrales de los partidos de izquierda en América Latina ha sido el de promover la justicia social. De esta manera, los gobiernos de izquierda están ideológicamente comprometidos a reducir las desigualdades sociales y ampliar los derechos de ciudadanía social, incluso en contextos con limitaciones estructurales e institucionales (Cook y Bazler, 2013: 4). Asimismo, Ciccia y Guzmán-Concha (2018) muestran que en América Latina la fortaleza de los partidos de centroizquierda en el Congreso explica en parte la generosidad de las políticas sociales dirigidas a las personas excluidas. Borges Sugiyama (2013), a su vez, señala el papel crucial los partidos progresistas en la difusión de programas en los municipios de Brasil. En general, cuando los partidos de izquierda son relativamente fuertes, la expansión de la política social ha sido posible (Huber y Pribble, 2011; Huber y Stephens, 2012; Anria y Niedzwiecki, 2016; del Pino, Sátyro y Midaglia, 2021).

En nuestra opinión, esta literatura es convincente y parte de ella ilumina diferentes procesos causales y añade matices a la relación entre la ideología partidaria y la expansión de la política social. Pribble (2013), por ejemplo, sostiene que el carácter de los partidos políticos ayuda a explicar por qué algunos países gobernados por partidos de izquierda avanzaron más hacia el universalismo que otros. La autora define el carácter de los partidos políticos como la combinación de tres factores: la fortaleza de los vínculos entre las bases y las élites, si el mecanismo de vinculación externa es programático o no programático, y la ideología del partido. Al combinar estas tres características, identifica cuatro tipos de partidos ubicados a cada lado del espectro ideológico, y encuentra que los partidos electorales de élite (como los de la centroizquierda chilena) y los partidos movilizadores (como el Frente Amplio en Uruguay) son los más propensos al universalismo. Pribble (2013) también argumenta que los vínculos fuertes entre el Frente Amplio y su base hicieron que las élites se vieran forzadas a aplicar una política más universalista. En Chile, los vínculos programáticos de los partidos de centroizquierda con sus votantes incentivaron el avance hacia el universalismo en salud y pensiones, pero la ausencia de una presión fuerte desde abajo significó que a veces tuvieran un alcance más limitado que en Uruguay. El estudio revela que los partidos electorales no programáticos, como el Partido Socialista Unido de Venezuela (PSUV), tuvieron menos probabilidades de expandir las políticas sociales de manera universal, sobre todo en salud y educación. En el caso particular de Venezuela, esto se debió a que la dependencia del partido en el carisma de Hugo Chávez alentó la creación de instituciones estatales paralelas, que agotaron los recursos del Estado y segmentaron los beneficios.

La democracia creó un entorno en el que los partidos de izquierda pudieron crecer, ganando elecciones y expandiendo la política social, aún cuando la democracia también puede empoderar a la derecha. Parte de la literatura existente indica que los partidos de derecha también han expandido ocasionalmente la política social (Garay, 2016; Fairfield y Garay, 2017). Por ejemplo, Fairfield y Garay (2017) muestran que los presidentes mexicanos Vicente Fox (2000–2006) y Felipe Calderón (2006–2012), así como el presidente chileno Sebastián Piñera (2010–2014), introdujeron políticas sociales favorables para las personas en situación de pobreza y aumentaron la carga impositiva de las élites, independientemente de sus vínculos con el sector empresarial y sus propias preferencias por un gobierno poco intrusivo. En un análisis de los programas de TMC latinoamericanos, De la O (2015) sostiene que tanto los presidentes de derecha como de izquierda introdujeron políticas expansivas. Sobre la base de los casos de Argentina, Colombia, Guatemala, Perú y México, la autora muestra que la decisión de crear transferencias no discrecionales depende de si el presidente enfrenta oposición en el Congreso, independientemente de su ideología. En contextos de fuerte resistencia en el Congreso, los presidentes son forzados a adoptar programas de TMC no clientelares, mientras que las TCM diseñadas en un contexto de oposición débil tienen más probabilidades de exhibir discrecionalidad. Asimismo, sobre la base de datos de panel de dieciocho países latinoamericanos de 1990 a 2013, Altman y Castiglioni (2020) indican que, una vez que se incluyen explicaciones alternativas, la ideología de los gobiernos deja de ser estadísticamente significativa para explicar la expansión de la política social equitativa.

Consideramos que la expansión de la política social bajo gobiernos de derecha no contradice el papel crucial de la izquierda. Cuando la competencia electoral es estrecha, los partidos de centroderecha adaptarán de manera estratégica su posición ideológica relativa al partido opositor principal. Cuando el partido opositor se encuentra a la izquierda del espectro ideológico y tiene un porcentaje significativo de escaños en la legislatura, es más probable observar una expansión de la política social bajo partidos de derecha (Castiglioni, 2020). Esta afirmación es coherente con los hallazgos de los estudios que analizan la política social europea. Según Hicks (2009), por ejemplo, en las democracias industriales avanzadas existe evidencia que sugiere que cuando los gobiernos de derecha se enfrentan a una izquierda electoralmente relevante, son presionados en una dirección favorable al bienestar, algo que ha sido llamado el "contagio de la izquierda".

Además, para comprender el papel de la ideología, debemos considerar no solo la magnitud de la expansión, sino también los tipos de expansión que ocurrieron. Los gobiernos latinoamericanos de centroderecha adoptaron políticas sociales que muy a menudo no desafiaron la lógica orientada al mercado, como el requisito de comprobar necesidad económica para acceder a un beneficio, la focalización, la dependencia en proveedores privados y el conservadurismo fiscal. Según Castiglioni (2020), una revisión rápida de la política social expansiva bajo los gobiernos de centroderecha nos permite identificar al menos tres tendencias claves. En primer lugar, durante el período expansivo, todos los países encabezados por gobiernos de derecha introdujeron algún tipo de TMC, incluso aquellos que antes exhibían una clara insuficiencia en la protección social, como El Salvador durante el gobierno de Elías A. Saca (2004–2009), Panamá con Ricardo Martinelli (2009–2014) y Paraguay con Nicanor Duarte Frutos (2003–2008). En estos casos, la expansión tendió a depender de programas de TMC o subsidios dirigidos a grupos específicos y vulnerables. Estas políticas son atractivas para los gobiernos de derecha porque permiten destinar recursos a las personas en situación de pobreza y a grupos de beneficiarios "merecedores" (como la niñez), además de costo-efectivas y compatibles con el mercado (De la O, 2015: 4). Los gobiernos de izquierda también crearon y expandieron los programas de TMC, pero por diferentes razones. Como explica De la O (2015), la izquierda respalda estos programas porque promueven la redistribución y la inclusión social, son más fáciles de proveer que los beneficios en especie y permiten a la población destinataria decidir cómo utilizar las transferencias.

En segundo lugar, algunos gobiernos de centroderecha también ampliaron las prestaciones contributivas. El mejor ejemplo de esta tendencia es encarnado por el presidente conservador chileno Piñera, quien amplió la licencia postnatal. Como resultado de la reforma, Chile goza de la licencia postnatal más larga de la región (más generosa incluso que la de varias democracias industrializadas). Según Castiglioni (2019), los partidos conservadores de Chile expandieron esta política en un contexto de elecciones competitivas y amenaza electoral por parte de la izquierda. La reforma de Piñera también estuvo motivada por una ideología conservadora. Como muestran Blofield y Martínez Franzoni (2014), su diseño refuerza creencias conservadoras en las que el cuidado infantil es ante todo responsabilidad de la madre. La extensión de la licencia de maternidad por parte de Piñera fortaleció el enfoque conservador para la conciliación trabajo-familia. Este difiere del enfoque de los partidos progresistas, que buscan ofrecer servicios de cuidado infantil financiados con fondos públicos para transferir el cuidado fuera de la familia.

Una tercera y última tendencia entre los gobiernos de centroderecha se relaciona con la expansión de los servicios sociales. El caso de Colombia claramente ilustra esta tendencia. El presidente conservador Álvaro Uribe

(2002–2010) expandió significativamente la cobertura contributiva y no contributiva de salud. La reforma contenía cinco componentes clave: seguros individuales, competencia regulada entre proveedores, posibilidad de que la población beneficiaria seleccionara a sus aseguradoras, subsidios estatales para personas con bajos ingresos y un paquete de servicios definido por el Estado (Ewig, 2015). A pesar de los avances en cobertura, Colombia siguió un camino de expansión segmentada que no logró reducir las diferencias existentes en beneficios ni en la calidad de los servicios entre las personas afiliadas a los regímenes contributivo y subsidiado (Cotlear *et al.*, 2015; Uribe-Gómez, 2017).

5.1.1.2 Democracia y actores colectivos

La democracia sostenida en el tiempo ayuda a los actores colectivos (como los sindicatos y los movimientos sociales) a fortalecerse, abriendo así la posibilidad de que puedan influir en la expansión de la política social.[8] La literatura latinoamericana ha hecho varias contribuciones al debate sobre el rol de la democracia y los movimientos sociales en la política social. Pribble (2013) y Garay (2016) muestran que las políticas sociales que se diseñan con aportes de la sociedad tienden a ser más inclusivas y más generosas que las políticas que surgen en el ámbito exclusivo de toma de decisiones de la élite. Según Garay (2016), las políticas sociales que incorporan perspectivas de los movimientos sociales o que responden de manera estratégica a sus demandas tienden a ampliar más la cobertura y los beneficios que las políticas sociales que solo responden a presiones electorales. De forma similar, Ciccia y Guzmán-Concha (2018, 2021) analizan el efecto de la movilización colectiva sobre la propensión de los gobiernos latinoamericanos a expandir la política social para incluir a personas previamente excluidas Su análisis concluye que los países que tuvieron más protestas han producido más reformas universalistas (Ciccia y Guzmán-Concha, 2018: 17). Asimismo, Blofield *et al.* (2017) muestran que los movimientos feministas presionaron a los gobiernos de izquierda para posicionar la igualdad de género en la agenda de política social. Finalmente, Altman y Castiglioni (2020), Wampler, Borges Sugiyama y Touchton (2019) y Gibson (2019) indican que la fortaleza y la participación de la sociedad civil son importantes para la expansión de la política social.

Niedzwiecki y Anria (2019), por su parte, se centran en las diferentes formas que puede adoptar la participación de la sociedad civil, ya sea a través de canales estatales formales o a través de canales externos al estado. Muestran, al igual

---

[8] Esto no significa que la democracia siempre fortalezca a la sociedad civil organizada ni que los movimientos sociales siempre presionen para lograr la expansión de la política social.

que Falleti (2010), que en Brasil la participación popular en la reforma de salud anterior al auge de materias primas se llevó a cabo a través de canales estatales formales, como la participación en la burocracia estatal o en conferencias y consejos. La investigación destaca también que la implementación del sistema de salud en Brasil fue sumamente participativa durante el período expansivo. En Bolivia, por el contrario, los intentos de influir en las reformas a las pensiones en la primera década del siglo veintiuno se produjeron, sobre todo, a través de canales externos, al canalizar la presión en las calles (Anria y Niedzwiecki, 2016). En un nivel más general, Silva (2015) argumenta que Bolivia y Ecuador movilizaron a los grupos indígenas y facilitaron la integración de los pueblos indígenas en un sistema de derechos sociales a través de la expansión de la política social. El efecto de los movimientos étnicos en la expansión de la política social requiere mayor atención en la literatura. Si bien la literatura ha incorporado la intersección entre etnia y género (Ewig, 2010), no hay suficiente análisis sobre las formas en que las identidades raciales, étnicas y de género moldean la movilización de las demandas de expansión de las políticas sociales y las respuestas estatales.[9]

Los sindicatos también han sido, en ocasiones, actores clave en la expansión de la política social. Garay (2016) sostiene que los sindicatos presentaron tres posibles posiciones hacia la expansión: apoyo, indiferencia u oposición. Con respecto a la estrategia de apoyo, menciona que los movimientos sociales tuvieron más éxito en exigir expansión cuando formaron coaliciones con sindicatos. Estas coaliciones entre personas incluidas (insiders) y personas excluidas (outsiders) en el mercado laboral caracterizaron las reformas expansivas en Brasil y Argentina, incluso antes del auge de las materias primas y el giro a la izquierda. Anria y Niedzwiecki (2016) muestran que una dinámica similar se desarrolló en Bolivia con el caso de Renta Dignidad, la reforma de pensiones no contributivas que fue aprobada en 2008 por el presidente de izquierda, Evo Morales. Señalan que los sindicatos y las organizaciones de base coordinaron la presión en las calles para garantizar la aprobación de la reforma de pensiones.

En otros casos, los sindicatos fueron indiferentes a la expansión, sobre todo cuando las reformas no afectaron de manera inmediata los beneficios de sus afiliados. Una tercera posición de los sindicatos hacia la expansión fue la oposición. Un ejemplo de oposición que ofrece Garay (2016) es el intento del gobierno del presidente argentino Fernando de la Rúa de eliminar las asignaciones familiares para quienes trabajan de manera formal con salarios más altos

---

[9] Caldwell (2017) es una excepción importante al analizar el papel de los movimientos de mujeres negras, los movimientos feministas y los movimientos de poblaciones negras a la hora de visibilizar las disparidades en salud, raza y género del sistema de salud de Brasil.

y reasignar esos fondos a las asignaciones familiares de las personas excluidas. En casos como este, en que la expansión implica un recorte explícito para las personas incluidas en el mercado formal o que amenaza sus derechos, es más probable que haya oposición. Los sindicatos que representan a los funcionarios públicos en Brasil también se opusieron a la propuesta del presidente Luiz Inácio Lula da Silva, de imponer límites máximos al monto de las jubilaciones, lo cual habría castigado sobre todo a los funcionarios públicos con las pensiones más altas y habría disminuido la segmentación. En julio de 2003, por ejemplo, más de 4.000 funcionarios públicos participaron en una marcha en Brasilia, llamando "traidores" a quienes apoyaban la propuesta de reforma (Niedzwiecki, 2014).

Si bien los sindicatos pueden apoyar, ser indiferentes o, en algunos casos, oponerse a las reformas de política social que buscan expandir el acceso a personas excluidas, la investigación basada en datos cuantitativos durante un período más largo encuentra que los sindicatos tienen un efecto independiente y positivo en el gasto social. Zarate Tenorio (2014) analiza los países latinoamericanos de 1970 a 2007 y encuentra que las huelgas tienen un fuerte efecto positivo sobre el gasto en bienestar y seguridad social. No obstante, la movilización sindical no suele influir en el gasto en educación o salud. Niedzwiecki (2015) mide la fortaleza del movimiento sindical de manera diferente, a través de la densidad sindical, el salario mínimo y el grado de concentración organizacional. La autora encuentra que el gasto en seguridad social y salud es mayor en los países donde los sindicatos son fuertes. En general, los estudios cuantitativos revelan el efecto positivo de los sindicatos sobre el gasto social, pero no analizan su efecto en la segmentación.

5.1.2 Los efectos de la democracia a corto plazo: La competencia electoral

Además de los efectos a largo plazo, la democracia también ha influido en la expansión de la política social a través de mecanismos a corto plazo, específicamente mediante la intensificación de la competencia electoral en todos los niveles de gobierno. La experiencia de América Latina durante este período revela que las elecciones competitivas tienden a promover la expansión de la política social.

Varios estudios enfatizan el papel de la competencia electoral a la hora de explicar la reciente fase expansiva. En el sector de la salud, Ewig (2015) indica que la creciente competencia electoral generó convergencia hacia una mayor equidad en salud en Brasil, Chile y Colombia. De manera similar, Pribble (2013) muestra que, en Argentina, Chile y Uruguay, cuanto más intensa era la competencia electoral, más factible era que los gobiernos expandieran las políticas sociales. Además, sostiene que es importante identificar si la competencia proviene de la izquierda o de la derecha del espectro ideológico. Por ejemplo, en el caso de Uruguay, la creciente fortaleza del partido de izquierda Frente Amplio forzó a los partidos tradicionales de centroderecha hacia la expansión de la política social a mediados de la década de los noventa.

La competencia electoral cobra importancia sobre todo para explicar la expansión de los programas no contributivos ante el aumento de la cantidad de personas excluidas y su peso electoral. Como muestran Carnes y Mares (2014), las reformas neoliberales produjeron un aumento de la informalidad, la vulnerabilidad y la volatilidad del mercado laboral. Como resultado, aumentó el número de personas excluidas de programas contributivos tradicionales y su demanda por programas no contributivos se volvió cada vez más difícil de ignorar. Los partidos políticos de izquierda y derecha tuvieron incentivos electorales para expandir los programas no contributivos en respuesta a estas demandas. En consecuencia, los escenarios competitivos pueden obligar a los partidos políticos a buscar los votos de las personas excluidas de los programas contributivos y, por ende, iniciar reformas que expandan la política social a esos sectores (Garay, 2016; Fairfield y Garay, 2017; del Pino, Sátyro y Midaglia, 2021). En términos más generales, la competencia electoral ha sido un factor clave detrás de la expansión de la política social equitativa en toda la región (Altman y Castiglioni, 2020).

5.2 Condiciones fiscales favorables

Sin un financiamiento equitativo y sostenible, resulta difícil mantener la expansión de los programas sociales a largo plazo — un punto que Pribble (2013) destaca en su trabajo sobre el universalismo. Sin embargo, como lo demuestra Fairfield (2015), es políticamente difícil aumentar los impuestos, y a menudo esto ha limitado a los gobiernos que, de lo contrario, habrían intentado expandir el gasto social. En gran parte de América Latina, la carga impositiva sigue siendo baja en comparación con otras regiones y otros países con niveles similares de PIB per cápita. En este contexto, la llegada de fuentes de ingresos alternativas que eviten conflictos fiscales hace que la expansión de la política social sea más factible.

Esto fue lo que ocurrió durante la era expansiva. Desde el comienzo del nuevo milenio hasta 2013, los países latinoamericanos enfrentaron un contexto económico internacional excepcional. El aumento de la demanda y de los precios internacionales de las materias primas recibió gran atención en la literatura de economía política latinoamericana. Varios trabajos destacaron que los términos de intercambio positivos ampliaron los recursos disponibles, permitiendo la expansión de los programas sociales (Levitsky y Roberts, 2011). Este impacto positivo fue sobre todo significativo de 2003 a 2008, período denominado como "el sexenio de oro" de América Latina, no solo por los patrones de crecimiento y superávit fiscal, sino también porque cuarenta y un millones de personas salieron de la pobreza (Montaño, 2011: 15). El superávit generado por la bonanza económica disminuyó la necesidad de recurrir al financiamiento externo y acatar sus condicionalidades, permitiendo así a los presidentes de izquierda llevar a cabo sus programas electorales (Murillo, Oliveros y Vaishnav, 2011: 53). Grugel y Riggirozzi (2018: 555) argumentan que los partidos de izquierda pudieron expandir el Estado de Bienestar sin endeudarse debido al auge de materias primas que duró desde fines de 2001 hasta mediados de 2008. El aumento de los precios de los productos de exportación incrementó los ingresos públicos al ampliar el monto de las rentas en manos del Estado, contribuyó al crecimiento económico y mejoró los ingresos fiscales (CAF, 2013).

Sin embargo, centrarse en el auge de materias primas como único factor positivo para ayudar a financiar la expansión es problemático, ya que no todos los países latinoamericanos se beneficiaron de este auge. Al evaluar la evolución de los términos de intercambio durante el período 2003 a 2013, es posible identificar tres grupos distintos de países: (1) aquellos en los que los términos de intercambio mejoraron de manera significativa (Argentina, Brasil, Ecuador, Perú, Colombia y, en particular, Bolivia, Chile y Venezuela); (2) aquellos en los que los términos de intercambio no cambiaron (México, Paraguay y Uruguay); y (3) aquellos en los cuales los términos de intercambio declinaron (los seis países centroamericanos y la República Dominicana) (Ocampo, 2017). Dado que todos estos países ampliaron en cierta medida sus políticas sociales, pero no todos se beneficiaron del auge de materias primas, es importante destacar el papel de otros factores que contribuyeron a generar condiciones económicas favorables, como las bajas tasas de interés y una gran oferta de préstamos internacionales (Campello, 2015; Dorlach, 2020). Por ejemplo, bajo el mandato del presidente Mauricio Funes (2009–2014), un préstamo extranjero permitió a El Salvador ampliar su infraestructura y crear el Sistema de Protección Social Universal. En Guatemala, un programa de TMC de amplio alcance durante la administración de Álvaro Colom (2008–2012) fue financiado por una combinación de ingresos domésticos y préstamos extranjeros (Martínez Franzoni y Sánchez-Ancochea, 2015).

Por supuesto que el proceso de transformar los nuevos recursos económicos en expansión de la política social no fue automático. El aumento de los ingresos podría haberse utilizado para diversos fines, y la literatura muestra que la decisión de destinar esos fondos a la política social dependió de dinámicas políticas. Si bien la mayor parte de la literatura sobre la fase expansiva de América Latina asume que las condiciones económicas favorables facilitaron el crecimiento de la política social, la misma literatura no ha avanzado a la hora de teorizar los mecanismos que explican este resultado. En este trabajo, afirmamos que las demandas de los grupos movilizados por una mayor redistribución, las elecciones muy competitivas y mayores ingresos fiscales se combinaron para facilitar la expansión de la política social durante la primera década del siglo veintiuno.

Una pregunta clave es si la competencia electoral y las crecientes demandas de redistribución también desencadenaron reformas fiscales significativas Bird y Zolt (2015: 323), entre otros, creen que muchos países definieron un nuevo contrato fiscal producto de una mayor democratización, una expansión sustancial de la clase media y el surgimiento de gobiernos de centroizquierda. Los impuestos progresivos aumentaron en toda la región, y el carácter regresivo de los sistemas tributarios disminuyó en muchos países (Cornia *et al.*, 2014; Sánchez-Ancochea, 2019).

No obstante, hay más razones para creer que los mayores recursos fiscales fueron impulsados principalmente por factores externos y no por reformas tributarias significativas. Bergman (2019) muestra que los Estados latinoamericanos no hicieron esfuerzos significativos para mejorar la recaudación del impuesto sobre la renta durante el auge de materias primas ya que fueron disuadidos por los altos ingresos de exportación y la intensa competencia electoral. Algunos estudios muestran que el auge de materias primas explicó la mayor parte del crecimiento en los ingresos fiscales en América del Sur (CAF, 2013). Mahon (2023) encuentra una correlación positiva de 0,86 entre los precios de las materias primas y los ingresos del gobierno central para el período 1990–2016, pero ninguna correlación en los países de la Organización para la Cooperación y el Desarrollo Económicos (OCDE). La mayor parte de esta relación positiva se debe a precios más altos en la primera década del siglo veintiuno. De hecho, el coeficiente de correlación para la década de 1990 es de solo 0,35. Doyle (2018: 18) muestra que la estrategia de utilizar los ingresos de la exportación de materias primas, de los que dispusieron muchos gobiernos de izquierda durante la primera década del siglo veintiuno, se volvió inviable con la Gran Recesión de 2007–2009. Volveremos a este punto en la Sección 7.

Hacia el futuro, necesitamos más estudios académicos para comprender mejor la relación entre las fuentes de financiamiento y la sostenibilidad financiera de la política social. Para ello, sería relevante una mayor integración de la creciente literatura sobre la reforma fiscal y los determinantes de la política fiscal (p. ej., Fairfield, 2015; Flores-Macías, 2019) con los estudios de la expansión de la política social y sus determinantes. No contamos aún con suficiente análisis sistemático de hasta qué punto los aumentos en impuestos fueron impulsados por las necesidades de política social o facilitaron la expansión de nuevos programas. Del mismo modo, es relevante avanzar en el análisis acerca de si los avances en la política social durante la fase expansiva facilitaron la recaudación de impuestos al mejorar los bienes públicos y, por extensión, el poder persuasivo del Estado para alentar a la ciudadanía y a las empresas a tributar. Al explorar estos temas, los trabajos futuros podrían inspirarse en el estudio de Fairfield y Garay (2017) sobre los vínculos entre los impuestos y la política social. Las autoras se basan en la experiencia de Chile y México para mostrar cómo las demandas de política social crearon presiones en el frente fiscal y cómo los precios más altos de las materias primas sirvieron para debilitar la influencia de la élite empresarial en las reformas de política social.

5.3 Legados de política y expansión segmentada

El diseño de las políticas previas a la expansión, o legados de política, aparece en la literatura como un factor crucial para entender las características y el alcance de la expansión de la política social en América Latina. De hecho, existe un fuerte acuerdo con el influyente estudio de Pierson (2000), que enfatiza que la "historia importa" en los intentos de reforma del Estado de Bienestar. Si bien el trabajo de Pierson no analiza América Latina y se centró originalmente en cómo los legados limitan las opciones para las reformas en seguridad social (Pierson, 1994), los estudios de la política social en América Latina se han basado en sus aportes teóricos para encontrar evidencia de cómo los legados de política condicionan el éxito, y dan forma al contenido de las reformas. Argumentamos que los legados de política explican el carácter segmentado de la expansión de la política social en la primera década del siglo veintiuno que describimos en la Sección 4.

Nuestro foco en el impacto de los legados de política sobre la segmentación no implica que la competencia electoral, los partidos políticos o el poder de los intereses organizados sean intrascendentes en la generación de desigualdades, sino que el diseño de las políticas previas es fundamental para entender por qué los procesos políticos se llevan a cabo de forma tal que reproducen la desigualdad. Sostenemos que los legados de política crean el contexto en el que se desarrollan las pugnas políticas sobre la expansión de la política social. Por lo tanto, es esencial considerar el diseño de las políticas existentes para comprender el carácter segmentado de la expansión durante la primera década del siglo veintiuno. Específicamente, los legados de las políticas previas en la región promovieron la segmentación, al crear políticas sociales cuya popularidad las volvió prácticamente irreversibles, al fortalecer a grupos de interés que protegieron su posición privilegiada y se opusieron a las reformas redistributivas, al institucionalizar jerarquías territoriales y de género, y al generar presión para actuar en algunos sectores de política y no en otros.

La popularidad de las políticas sociales previas fomentó la expansión segmentada. Como discutimos en la segunda sección, la política social latinoamericana se encontraba sumamente segmentada desde sus orígenes, con algunos grupos excluidos y otros incluidos con diferentes grados de generosidad. Este tipo de sistema gozaba de un fuerte apoyo de las personas que tenían acceso a beneficios. Los programas existentes crearon intereses, expectativas y demandas para mantener esa protección. Debido a la popularidad de los programas preexistentes, las reformas a la política social al iniciar el siglo veintiuno tendieron a aumentar el acceso mediante la creación de nuevos programas, manteniendo así la segmentación en la generosidad de los beneficios y la calidad de los servicios. Como documenta Arza (2018a), esto es lo que sucedió con la expansión de las asignaciones familiares a los grupos antes excluidos en Argentina, Brasil y Chile. De manera similar, Staab (2016) muestra que, en Chile, la presidenta Michelle Bachelet (2006–2010) solo pudo introducir un cambio incremental en el sistema de protección social, a pesar de que gozaba de un mandato sin precedentes. Esto se debió al papel limitante de los legados de política y a las instituciones políticas, que inhibían la medida en que este mandato podía traducirse en resultados concretos. De esta manera, la fase expansiva de América Latina ofrece evidencia de cómo los legados de política pueden limitar las reformas estructurales profundas que podrían quebrar las desigualdades preexistentes.

Quizás la razón más significativa por la cual los legados de política produjeron una expansión segmentada es que los grupos de interés que surgieron de la arquitectura previa del sistema de protección social limitaron las opciones disponibles para el cambio futuro. Esto sucede porque las políticas previas generan grupos de interés y empoderan a algunos actores, al tiempo que limitan la voz y el poder de otros. En América Latina, estas desigualdades han impulsado la segmentación, no solo entre quienes trabajan de manera formal e informal, sino también entre distintos tipos de trabajo formal. Durante la fase expansiva, la población beneficiaria de las políticas previas a menudo resistió la unificación de los programas, lo que condujo a la creación de sistemas superpuestos con beneficios separados.

Los legados de política son también un factor clave que explica el rol que tiene el sector privado durante la fase expansiva. Un ejemplo de esto se puede observar en las reformas de salud en Chile, Uruguay y Argentina. En Chile y Uruguay, mientras se ampliaba el acceso a los servicios públicos, se mantenía también el dualismo público–privado existente (Pribble, 2013; Farías Antognini, 2019), generando una expansión segmentada. Argentina amplió el acceso efectivo al sistema de salud en la primera década del siglo veintiuno mediante la transferencia de recursos fiscales a los gobiernos sub-nacionales a cargo de la provisión de servicios para garantizar la atención de las personas sin seguro médico (Plan Nacer/Sumar), la entrega de botiquines de primeros auxilios a centros de salud (Plan Remediar) y la promoción de la salud sexual y reproductiva (Garay, 2016). Si bien estas políticas fueron un paso hacia una mejor calidad en el sistema de salud público, la fragmentación del sistema en tres pilares (público, privado y obras sociales) se mantuvo debido al peso político y a la resistencia de actores públicos y privados, como gobernadores, ministros de salud provinciales y sindicatos (Niedzwiecki, 2014).

La importancia de los legados tiene una larga tradición en la economía política, y quienes estudian la fase expansiva de América Latina han sido innovadores en sus esfuerzos por conceptualizar y analizar sus efectos de manera más sistemática. Una de las principales innovaciones de esta investigación fue la cuidadosa conceptualización de cómo la incorporación de actores privados durante la era neoliberal ha cambiado la dinámica de la formación de políticas sociales. Ewig y Kay (2011), por ejemplo, sostienen que el fortalecimiento de la posición de los intereses empresariales privados durante el período neoliberal ayuda a explicar el carácter incremental de la expansión (p. 68). Los proveedores privados y con fines de lucro a menudo desarrollaron fuertes intereses corporativos y se convirtieron en grupos de presión. Ese fue el caso en los países donde estaban bien organizados, como en el sistema de salud chileno (Farías Antognini, 2019). Por el contrario, en Uruguay los proveedores de salud privados y sin fines de lucro no lanzaron una campaña contra el sistema único de financiamiento de la salud pública (Pribble, 2013). Igualmente, en el caso de los servicios de cuidado infantil en Chile y México, el hecho de que la oferta del sector privado fuera débil y dirigida a familias con mayores ingresos facilitó la expansión del cuidado infantil público, que no tenía que enfrentar intereses privados (Staab y Gherard, 2011).

Cuando los legados de política fortalecieron al poder corporativo, los esfuerzos para expandir los beneficios a menudo evitaron la confrontación con estos actores privados, y así se mantuvo la segmentación existente. Pribble (2013) destaca que en Chile se crearon seguros de salud y fondos privados de pensiones en un entorno desregulado. En posteriores intentos de reforma, los proveedores privados se resistieron a los esfuerzos para regular la prestación de los servicios de salud y supervisar la administración de los fondos de pensiones. Esta resistencia significaba que, a pesar de las reformas, el sistema mantenía la segmentación. De manera similar, Huber y Stephens (2012) señalan que los altos niveles de gasto privado en salud y educación en América Latina reforzaron la oposición de las élites a los aumentos en impuestos, lo que dificultó que mejorara la calidad de los servicios públicos. Martínez Franzoni y Sánchez-Ancochea (2016) demuestran que la presencia de una opción de mercado erosiona los servicios públicos. Todos estos ejemplos apuntan a la manera en que los legados de política que fortalecieron a los actores privados dificultaron la reducción de la segmentación en educación, salud y pensiones, incluso durante la fase expansiva.

Otra innovación en la conceptualización de los legados de política la ofrecen Martínez Franzoni y Sánchez-Ancochea (2016), quienes utilizan su concepto de arquitecturas de política social para vincular el diseño de las políticas con los legados. Su análisis identifica cinco dimensiones de las arquitecturas: elegibilidad (criterios para obtener un beneficio), financiamiento (quién paga y cómo), proveedores (quién proporciona y administra), beneficios (quién los define y cómo) y opción privada externa (disponibilidad y regulación de alternativas de mercado). Las arquitecturas de política pública crean un conjunto de oportunidades y restricciones para el cambio. En otro trabajo comparativo, analizan la política de cuidados y concluyen que los legados de política son uno de los factores que explican por qué Uruguay avanzó más que Costa Rica en la unificación de arquitecturas de política pública durante los últimos años (Martínez Franzoni y Sánchez-Ancochea, 2019). *Antes de la expansión en la década de 2010, la* cobertura era ya mayor en Uruguay que en Costa Rica (24% de la población elegible frente al 5% en Costa Rica) e incorporaba simultáneamente población en condición de pobreza y en mejores condiciones económicas. Los proveedores públicos tradicionales de Costa Rica también se consideraban excesivamente burocráticos e ineficientes y los reformistas se mostraron escépticos sobre su expansión. Al incorporar una miríada de proveedores locales, la cobertura se expandió con una mayor fragmentación.

Los legados de política también fomentaron la segmentación por género y territorio. Por un lado, los legados de política tienen efectos de larga data en la segmentación por género, por ejemplo, al hacer que el acceso a prestaciones de la seguridad social (como las pensiones) dependa de la participación en el mercado laboral a lo largo de vida, a tiempo completo y remunerada. Así, desde el principio, estos sistemas reflejaron en su cobertura y generosidad las brechas de género en las tasas de empleo y los ingresos (Martínez Franzoni y Mesa-Lago, 2003; Arza, 2012; Arza y Martínez Franzoni, 2018). Arza (2017) indica que algunos países tomaron medidas para cambiar las características del diseño de políticas y mejorar los derechos autónomos de las mujeres a una pensión, pero las características estructurales que condujeron a la segmentación por género permanecieron. Asimismo, durante la era expansiva, Argentina, Uruguay y Brasil implementaron políticas para mejorar la cobertura de la seguridad social para las trabajadoras domésticas (90% mujeres) aunque, a menudo, creando reglas o programas separados que resultaron en beneficios diferentes para esta fuerza laboral en comparación con el resto (Aguirre y Scuro Somma, 2010; Blofield, 2012; Rodríguez Enríquez y Marzonetto, 2015; Espino, 2016). Este es un caso claro de incorporación segmentada, explicada por legados de política. La cobertura para las trabajadoras domésticas se expandió, pero la historia de las políticas que las excluían del sistema de seguridad social significó que esta expansión se hizo a través de sistemas separados con derechos y beneficios diferentes (a menudo menores). Además, los programas de TMC contribuyeron a la incorporación segmentada por género, continuando con el legado de políticas sociales y normas de género que asumen en su diseño el modelo de "sostén familiar masculino / cuidadora femenina". Mientras se expandió el acceso efectivo de las mujeres a los beneficios, las políticas de los TMC también reforzaron las normas tradicionales de género.

La segmentación territorial en la expansión de las políticas sociales durante la primera década del siglo veintiuno también fue moldeada por los legados. Niedzwiecki (2018) añade una dimensión subnacional al concepto de legados de política. Su trabajo demuestra cómo los legados de políticas subnacionales influyen en el nivel de implementación de las políticas nuevas en el territorio. En el caso de la atención primaria de salud en Brasil (Estratégia Saúde da Família, ESF), los compromisos previos con otros sistemas de salud hicieron que la implementación de una nueva política fuera muy difícil. En particular, en los estados y municipios con una fuerte presencia de hospitales y un sistema alternativo de atención primaria (Unidades Básicas de Saúde, UBS), la implementación de la ESF fue más difícil que allí donde no había servicios de salud alternativos. Todo ello contribuyó a una segmentación territorial en lo que respecta a la implementación efectiva de la política para la atención primaria de la salud.

Las políticas previas también importan para explicar la diferente expansión entre sectores de política social. Esto se debe a que el diseño de las políticas anteriores puede incentivar la innovación en algunos sectores, y desalentarla en otros. Pribble (2013), por ejemplo, señala que las políticas anteriores pueden generar brechas de cobertura que presionan a la clase política a ampliar un programa para responder a las demandas insatisfechas. La autora argumenta que las políticas anteriores también pueden generar presión fiscal, lo que obliga a las élites políticas a tomar medidas. Es por esa razón que Chile expandió el acceso a la salud y a las pensiones. También fue una motivación detrás de la reforma a las asignaciones familiares en Uruguay. Castiglioni (2018) señala que los legados de política pueden moldear las percepciones de las personas encargadas de formular las políticas sobre las restricciones presupuestarias y el costo fiscal de producir o no una reforma, lo que puede crear disparidad entre sectores en cuanto al tipo de reforma adoptada. Aquí la evidencia sugiere que las políticas pasadas pueden estimular la acción en algunas áreas, pero también limitar el alcance de esa acción y, por ende, generar disparidad.

Si bien las brechas en políticas sociales pueden generar nuevas necesidades que deben ser abordadas, la reproducción de estructuras anteriores (quién administra, financia y provee beneficios) y de la lógica para establecer derechos y beneficios (quién tiene derecho y a qué tipos de transferencias y servicios) nos ayudan a entender por qué la expansión ocurrió de manera segmentada. Además, los legados de política moldean las preferencias e ideas sobre cómo abordar problemas sociales específicos, las expectativas sobre el papel del Estado frente a actores privados, y las actitudes sobre el gasto público. Este es claramente el caso de los servicios de cuidado infantil y los límites entre la responsabilidad familiar y estatal, donde las nociones de larga data de que niños y niñas deberían permanecer en casa se interponen a la demanda social de cuidados adecuados y extendidos (Martínez Franzoni y Sánchez-Ancochea, 2018).

En su conjunto, la literatura sobre la fase expansiva de América Latina concuerda con que el diseño de las políticas previas ayuda a explicar la naturaleza de la expansión de la política social a inicios del siglo veintiuno. En nuestro análisis de esta literatura, encontramos que los legados de política produjeron una expansión segmentada. Las políticas anteriores son populares, crean grupos de interés y distribuyen el poder, producen brechas y nuevas necesidades que deben ser abordadas, y reproducen desigualdades territoriales y de género. Todo esto contribuyó a una expansión segmentada de la política social a inicios del siglo veintiuno.

6 Factores explicativos que merecen un estudio más detallado

En nuestro análisis de la literatura sobre la fase expansiva de América Latina, identificamos dos factores que no han sido suficientemente estudiados: la capacidad estatal y los actores internacionales. Tener un Estado capaz es crucial para diseñar y aplicar las políticas de manera eficaz, pero este factor no ha sido prioritario para la investigación sobre la expansión de la política social. Los pocos estudios que han comenzado a considerar esta variable de forma explícita se han centrado, generalmente, en el nivel subnacional. Los factores internacionales, en cambio, recibieron mucha atención en la investigación sobre las reformas de política social en los años ochenta y noventa, cuando el mundo académico se enfocó en el papel de las instituciones internacionales, como el Fondo Monetario Internacional (FMI) y el Banco Mundial, y en las redes mundiales de ideas (World Bank, 1994; Huber, Mustillo y Stephens, 2008).

Sin embargo, estos factores recibieron una atención mucho menos sistemática en la literatura de la primera década del siglo veintiuno.

Sin embargo, en las Secciones 6.1 y 6.2 mostramos que hay razones para creer que tanto la capacidad del Estado como los actores e ideas internacionales influyeron en la política social en América Latina durante la primera década del siglo veintiuno. La investigación futura debería considerar estos factores, contemplando cómo podrían complementar las explicaciones existentes o contribuir a explicar la diversidad de resultados en los países de la región.

6.1 Capacidad estatal

La capacidad estatal se refiere a la capacidad de un Estado para controlar su territorio y aplicar de forma eficaz la política pública (Skocpol, 1985). El alcance territorial del Estado en América Latina varía mucho, hasta el punto de que a veces está completamente ausente y es incapaz de realizar funciones básicas en parte del territorio. Esto es lo que O'Donnell (1993) denominó como "zonas marrones", es decir, partes del territorio de un país donde el Estado está ausente, es ineficaz o es incapaz de desempeñar las funciones esenciales, y donde el estado de derecho no está garantizado. En ausencia total o parcial de estructuras estatales formales, los sistemas de poder locales de facto llenan el vacío al proveer bienes públicos básicos y asignar recursos a través de prácticas particularistas e, incluso, corruptas (O'Donnell, 1993).

De esta manera, las zonas marrones pueden abrir el camino para que las políticas sociales sean proporcionadas por actores no estatales. Este es el caso, por ejemplo, en los países centroamericanos en los que las instituciones no estatales (desde las iglesias evangélicas hasta las pandillas juveniles o maras) juegan un papel en la provisión de bienes y servicios públicos (Martínez Franzoni, 2008b; O'Neill, 2010). Las iglesias pueden construir escuelas y promover los servicios primarios de salud en las zonas rurales; las pandillas pueden cuidar a las madres y viudas de los miembros que mueren. Rich (2019) muestra (en el caso de Brasil) que los burócratas del gobierno central pueden intentar superar la débil capacidad estatal al apoyarse en las organizaciones de la sociedad civil para promover políticas públicas y sociales, algo que ella llama "activismo patrocinado por el Estado". Aunque en todos los países es posible encontrar ejemplos de asignación colectiva de recursos no estatales, estos cumplen un papel central, y todavía poco estudiado, en los países con regímenes de política social excluyentes (Filgueira, 1998; Martínez Franzoni, 2008a; Cammett y MacLean, 2014). En estos casos, como lo ha demostrado Holland (2017), las autoridades pueden permitir deliberadamente el incumplimiento de la ley en zonas urbanas para obtener el apoyo electoral de las personas en situación de pobreza, sobre todo cuando los programas sociales existentes son insuficientes.

La literatura sobre reformas en política social reconoce que la expansión requiere de un Estado capaz de administrar las prestaciones y los servicios sociales, y de obtener ingresos para financiar los programas (Soifer, 2012). Es posible entonces que los países con una limitada capacidad estatal adopten una gama de políticas más restrictiva que aquellos con una capacidad mayor, precisamente porque son menos capaces de administrar beneficios y recaudar recursos de manera eficaz. Una capacidad estatal débil también puede estar asociada con una infraestructura insuficiente y un poder restringido para implementar las políticas que el gobierno adopta. Asimismo, esto está ligado a una brecha entre los derechos sociales legalmente establecidos y la incapacidad de garantizar su ejercicio (Duarte Recalde, 2014: 2). En general, si la capacidad del Estado es limitada, es poco probable que los gobiernos estén en condiciones de adoptar, implementar o sostener políticas sociales más ambiciosas. Esto, a su vez, podría resultar en niveles más bajos de cobertura, acceso y gasto. Aunque la capacidad estatal débil puede inhibir la expansión de la política social o contribuir a la segmentación, la literatura no ha incorporado este factor de manera sistemática.[10]

La investigación centrada en la variación subnacional de la política social presta más atención al tema de la capacidad estatal. Estos estudios sugieren que la capacidad estatal débil ayuda a explicar las brechas de implementación y disparidad territorial en la expansión (Bonvecchi, 2008; Fenwick, 2009 y 2016; Chapman Osterkatz, 2013; Pribble, 2015; Niedzwiecki, 2018; Wampler *et. al.*, 2019). Niedzwiecki (2018) muestra que los estados subnacionales con capacidad débil no pueden implementar con éxito sus políticas sociales, en particular, las políticas de salud básica. En contextos de capacidad estatal débil, las instalaciones de salud suelen ser de mala calidad, carecen de los suministros básicos o no cumplen con los requisitos mínimos para atender a personas con necesidades especiales. Estas instalaciones también suelen tener poco personal debido a que los salarios son bajos y, por lo tanto, el personal capacitado solo se queda temporalmente y se va cuando tiene una mejor oportunidad laboral. Por último, en contextos de baja capacidad, las instituciones encargadas de prestar servicios de salud son pocas y están muy alejadas las unas de las otras, sobre todo en los lugares donde más se necesitan. Como resultado, las personas que viven en zonas remotas no tienen acceso al sistema de salud o reciben servicios de baja calidad, lo que genera importante segmentación territorial en el acceso a la salud.

---

[10] Esta omisión es notable dado que la última década ha generado estudios cruciales sobre capacidad estatal en la política latinoamericana comparada (por ejemplo, Soifer, 2012).

6.2 Actores e ideas internacionales

El papel de los actores y de las ideas internacionales también podría explicar la expansión de la política social en la primera década del siglo veintiuno. No obstante, con algunas excepciones, los estudios recientes han prestado poca atención a estos factores. Como han subrayado Bianculli *et al.* (2022), algunos temas relevantes, como la oferta y regulación de las políticas sociales, han estado prácticamente ausentes de la literatura enfocada en la cooperación regional. Si bien los actores y las ideas internacionales fueron claves para explicar las reformas neoliberales de la política social, estos han recibido menos atención en los análisis de la era expansiva. Esto puede ser el resultado de la bonanza económica, la cual redujo la dependencia de los países latinoamericanos al crédito externo. En esta sección, subrayamos algunas de las maneras en que los actores y las ideas internacionales pueden haber sido relevantes, incluyendo el rol de la cooperación, la difusión, la ayuda financiera y la asistencia técnica.

Una forma en la que las organizaciones internacionales importan es mediante el desarrollo de discursos que fomenten la cooperación regional para la expansión de la política social. Mahon (2015) investigó el papel de la CEPAL y la incorporación de la política social en su discurso neoestructuralista. Así, la División de Desarrollo Social de la CEPAL dio respuesta a los cambios en el discurso global sobre la política social y argumentó que el ajuste estructural neoliberal no fue capaz de lograr los beneficios sociales prometidos. Artaraz (2011), por su parte, destaca el papel de la Alianza Bolivariana para los Pueblos de Nuestra América–Tratado de Comercio de los Pueblos (ALBA-TCP) para fomentar redes de solidaridad entre Cuba y Bolivia para la expansión de la salud y la educación en el contexto del Plan Nacional de Desarrollo del Estado Plurinacional de Bolivia. Finalmente, Herrero y Tussie (2015) analizan el papel del consejo de salud de la Unión de Naciones Suramericanas (UNASUR) en la creación de una diplomacia para la salud en América del Sur que pretende lograr una expansión sanitaria equitativa a través de la cooperación internacional. Se refieren a este fenómeno como la "unasurización" de las políticas de salud.[11]

Además, en 2000, los Objetivos de Desarrollo del Milenio de las Naciones Unidas pidieron la adopción de una serie de medidas fundamentales necesarias para promover la erradicación de la pobreza, incluyendo la universalización de la educación básica, la reducción de la mortalidad infantil y el mejoramiento de la salud materna (UNPD, 2015). Esto pudo haber conducido a una coordinación en la adopción de políticas e instrumentos orientados a lograr estos objetivos.

---

[11] A pesar del papel crítico de UNASUR, sobre todo en facilitar el acceso a medicamentos durante la primera década del siglo veintiuno, la mayoría de los estados miembros se había retirado de la organización en 2019, socavando su relevancia (Bianculli *et al.*, 2022).

La difusión de políticas es otra forma en que los actores internacionales pueden haber influido en la expansión de la política social en la primera década del siglo veintiuno, mediante el intercambio de modelos, experiencias de políticas e ideas entre países o a nivel subnacional. La literatura discute la relevancia de la presión externa, la imitación normativa, el aprendizaje racional y la heurística cognitiva en la difusión de diferentes políticas (Weyland, 2005; Osorio Gonnet, 2018a y 2018b). Los países vecinos aprenden unos de otros y tienen incentivos para adoptar políticas adecuadas, en particular cuando están siendo promovidas y propiciadas por instituciones financieras internacionales (Borges Sugiyama, 2011; Brooks, 2015). Además, los partidos de izquierda y las normas profesionales socializadas explican la difusión de buenos programas en los municipios de Brasil (Borges Sugiyama, 2013). En los países federales, la difusión también puede ir del nivel municipal o estatal al nivel nacional (Béland, Medrano y Rocco, 2018). Todo esto sugiere que la difusión y el aprendizaje son áreas importantes por explorar en futuras investigaciones.

Además de la cooperación y la difusión, los actores internacionales también pueden dar forma a la expansión al financiar directamente la política social mediante préstamos internacionales. Un buen ejemplo de la relevancia del financiamiento internacional para facilitar la adopción de políticas expansivas es el de Brasil a mediados de la década de 1990, cuando un gran préstamo del Banco Mundial ayudó a aumentar de manera significativa la capacidad financiera de los programas nacionales contra el SIDA (Rich, 2019). Las instituciones financieras internacionales (como el Banco Mundial, el Banco Interamericano de Desarrollo (BID) y, más recientemente, el gobierno de China, han sido importantes fuentes de préstamos para los países latinoamericanos. Asimismo, en términos de ayuda financiera, la asistencia para el desarrollo Sur–Sur, promovida por varias resoluciones de las Naciones Unidas, aumentó los recursos disponibles para los países en desarrollo (Birn, Muntaner y Afzal, 2017).

La evidencia del posible impacto de las organizaciones y los expertos y expertas internacionales se puede ver en la expansión de los programas de TMC, cuidado infantil y pensiones. Osorio Gonnet (2018a) destaca el importante papel que tuvieron las personas expertas, la comunidad regional epistémica y las organizaciones internacionales (como el Banco Mundial y el BID) para promover los programas de TMC en toda América Latina. De hecho, los primeros programas de TMC se establecieron en México en 1997 y en Brasil en 1998. Dos décadas más tarde, como señala Morais de Sá e Silva (2017), había cuarenta y siete programas de TMC en cuarenta países alrededor del mundo. La asistencia técnica internacional facilitó esta notable difusión. El respaldo de las organizaciones internacionales también ayudó a extender los programas de TMC más allá de México y Brasil. Tomazini (2020) sostiene que el apoyo a estos programas es, en parte, el resultado de la formación de una coalición en pos del capital humano, encabezada por instituciones financieras internacionales. Estas instituciones pudieron garantizar suficientes recursos para mantener estos programas, convencieron a los gobiernos de su legitimidad científica y promovieron, a nivel nacional, proyectos impulsados por la coalición prodesarrollo del capital humano.

En términos de políticas de cuidado, la investigación muestra que el hecho de que el cuidado haya ingresado a las agendas y redes regionales con enfoque de género facilitó las reformas (Esquivel y Kaufman, 2016). Martínez Franzoni y Sánchez-Ancochea (2018) argumentan que el consenso internacional sobre la importancia del cuidado infantil y de la educación temprana de calidad para generar igualdad de oportunidades, eficiencia económica e igualdad de género ayudó a enmarcar la expansión de los programas y servicios de ECEC. Asimismo, Sojo (2011) sostiene que estas metas estaban presentes en la elaboración de los programas de ECEC iniciados en la primera década del siglo veintiuno en varios países. Queda pendiente establecer cómo se han desarrollado las interacciones entre los actores nacionales e internacionales; es decir, cómo las innovaciones de algunos países específicos han moldeado la agenda de las organizaciones inter-nacionales que, a su vez, han generado mejores condiciones para que las políticas sociales nacionales se expandan. Por ejemplo, la CEPAL siguió de cerca y prestó asistencia técnica relacionada con la creación del Sistema Nacional de Cuidados para Uruguay en 2013. Aunque la creación de este sistema no puede atribuirse a la CEPAL, una vez lanzado el sistema uruguayo la organización internacional desempeñó un papel destacado en la difusión de la necesidad de sistemas análogos en otras partes de la región.

En el ámbito de las pensiones, la transición del Banco Mundial de abogar por la privatización de los sistemas contributivos, como se refleja en su informe de 1994 (*Envejecimiento sin crisis*), a apoyar la expansión de los componentes públicos básicos, influyó en las agendas nacionales. De manera más específica, este organismo pasó de promover la privatización de los sistemas contributivos a reconocer el papel del Estado en el financiamiento y provisión de prestaciones básicas, y de fortalecer los sistemas de base contributiva a promover también las pensiones no contributivas. En este último caso, la Oficina de Protección Social de la Organización Internacional del Trabajo (OIT) también ha considerada como un actor relevante para promover la expansión de las pensiones no contributivas en toda la región. El "Convenio sobre las trabajadoras y los trabajadores domésticos" de la OIT de 2011 también fue importante para la expansión de la protección social a este sector, como lo demuestran Blofield y Jokela (2018) en su análisis de Brasil, Uruguay, México y Perú.

Hay por lo tanto evidencia de que los actores internacionales siguieron siendo influyentes en la primera década del siglo veintiuno, aunque la investigación académica haya prestado menos atención a estos factores que durante las reformas neoliberales. Sería útil realizar más investigación en esta área, sobre todo en lo que respecta a la interacción entre las organizaciones internacionales y las redes nacionales. La investigación futura podría explorar, por ejemplo, los mecanismos que vinculan a las instituciones y a los actores internacionales con los socios nacionales (emulación, colaboración, condicionalidad), así como las luchas entre diferentes instituciones internacionales, para dar forma a las nuevas políticas sociales en América Latina y otras latitudes.

7 Las políticas sociales tras la era expansiva – ¿Qué sigue?

7.1 La fase posexpansiva

Tras el período expansivo, la política social latinoamericana entró en una nueva fase de estancamiento. Con la caída de los precios y la demanda internacional de las materias primas, el crecimiento económico comenzó a desacelerarse, reintroduciendo la necesidad de ajustes fiscales (Nin-Pratt y Valdés Conroy, 2020). Según muestra este análisis, la bonanza económica no fue una condición suficiente para la expansión de la política social, pero la disponibilidad de recursos facilitó el proceso. En consecuencia, a medida que los presupuestos públicos se vieron limitados, los gobiernos fueron cada vez menos capaces de mantener los niveles de gasto público.

El entorno ideológico en varios países latinoamericanos también experimentó transformaciones importantes desde el final del auge de las materias primas. A medida que la fase expansiva de la política social menguaba, varios países latinoamericanos experimentaron la irrupción de administraciones de centroderecha, incluidos países en los que los gobiernos progresistas habían tenido una presencia fundamental, como Argentina, Brasil, Chile, Ecuador y Uruguay. En Colombia, Honduras, Panamá y Paraguay, los presidentes conservadores fueron reelegidos.

Varios países latinoamericanos también fueron testigos de retrocesos/erosión democrática después de 2013. La democracia brasileña, por ejemplo, se debilitó por la cuestionable destitución de la presidenta Dilma Rousseff en 2016, mientras que Nicaragua retrocedió a un régimen híbrido. En Argentina, Chile, Costa Rica, República Dominicana y El Salvador, el Instituto Internacional para la Democracia y la Asistencia Electoral (IDEA Internacional) informó que al menos un indicador de la democracia se debilitó durante 2018 (IDEA, 2019). Al mismo tiempo, las encuestas de opinión pública muestran una disminución del apoyo a la democracia en toda la región. Según el *Informe* Latinobarómetro de 2018, solo el 48% de la población latinoamericana creía que la democracia era preferible a cualquier otra forma de gobierno, mientras que esa cifra era del 61% en 2010.

La combinación de recesión económica, cambios ideológicos y deterioro democrático trajo consigo un malestar creciente que situó a las políticas sociales en el centro de crecientes luchas distributivas. De hecho, desde 2013, las olas de protestas masivas politizaron las desigualdades sociales, destacando los problemas de acceso a programas sociales, la insuficiencia de las transferencias de ingresos y la lamentable calidad de los servicios sociales disponibles para los sectores marginados. Por ejemplo, en Brasil, la población se manifestó en respuesta a los aumentos en el costo del transporte público en 2013, pero también exigió mejoras en los servicios de educación y salud. En muchos sentidos, las protestas confirmaron las conclusiones académicas que criticaron el carácter de la expansión de la política social brasileña, haciendo hincapié en la financiarización y la falta de garantía de derechos sociales (Lavinas, 2014 y 2017).

Asimismo, en Chile, después de más de una década de movilización destinada a mejorar los servicios sociales y reducir las desigualdades, el país experimentó un "Estallido Social" sin precedentes en 2019. Hubo movilizaciones por diversos asuntos, pero la vulnerabilidad social, la desigualdad y el limitado alcance del sistema de protección social fueron algunos de los factores más salientes. En Colombia, las protestas de 2019 se centraron en la reforma laboral y de pensiones, entre otros temas, mientras que, en 2021, la población colombiana tomó de nuevo las calles para protestar contra una reforma tributaria ampliamente percibida como regresiva. Si bien estas protestas ayudan a visibilizar la segmentación de la política social, todavía no han forzado reformas que impulsen la política en una dirección más equitativa.

7.2 Lo que la pandemia puso en evidencia

Además de las dificultades que surgieron al final de la era expansiva, la pandemia de COVID-19 iniciada en 2020 puso a prueba a todos los países latinoamericanos. La pandemia subrayó la importancia de los bienes públicos y los servicios sociales para la vida de las personas y para las emergencias. También obligó a los gobiernos a adoptar medidas para prevenir y enfrentar la propagación del virus. En el ámbito de los sistemas de salud, los Estados dirigieron recursos a vacunación, análisis, seguimiento y tratamiento del COVID-19. En toda la región, se adoptaron medidas de distanciamiento social, como cierres de escuelas y empresas, restricciones de viaje y otras. Para que la fuerza laboral latinoamericana pudiera quedarse en casa, se adoptaron diferentes medidas de emergencia, como transferencias monetarias y en especie. Algunos países expandieron sus programas de TMC, otros introdujeron nuevos mecanismos *ad hoc* y otros establecieron transferencias vinculadas a sus sistemas de seguridad social (Blofield, Giambruno y Filgueira, 2020).

En cuanto a los temas abordados en este trabajo la pandemia tuvo al menos dos consecuencias importantes. Por un lado, hizo más apremiante que nunca la presencia del Estado y la adopción de nuevas políticas sociales o su expansión. En particular, los gobiernos desplegaron respuestas rápidas (por ejemplo, en términos de transferencias monetarias de emergencia), dirigidas a una parte importante de la población. Aunque con diferencias en cuanto a su alcance y generosidad, esto ocurrió en todos los países, incluso en aquellos con una historia de escasa intervención en política social, como en Centroamérica. Guatemala es un ejemplo de ello (Martínez Franzoni, 2021).

Por otro lado, la pandemia expuso los problemas relacionados con el carácter segmentado de la protección social y de los mercados laborales en la región. Más específicamente, la pandemia y sus consecuencias económicas adversas hicieron evidentes los problemas asociados con el acceso desigual a las políticas sociales y al empleo formal. Las altas tasas de informalidad de América Latina indican que, si bien una minoría pudo mantener sus salarios y realizar su trabajo de forma remota, la mayoría trabajó en condiciones inseguras, perdió su empleo cuando sus tareas no se podían realizar remotamente o dependió, en el mejor de los casos, de transferencias no contributivas de emergencia que fueron significativamente más bajas y menos predecibles que los ingresos laborales. El acceso desigual e insuficiente a computadoras y conectividad a Internet también afectó la capacidad de trabajar y estudiar desde casa, exacerbando las desigualdades existentes. La pandemia también evidenció las desigualdades en el acceso al sistema de salud, mostrando que incluso los servicios básicos, como el saneamiento, no estaban disponibles para todos por igual.

En relación con esto, la capacidad de realizar análisis de coronavirus, dar seguimiento y tratamiento a la enfermedad, así como la disponibilidad de camas en unidades de cuidados intensivos y la vacunación, se vieron obstaculizadas por capacidades estatales limitadas. En términos generales, la necesidad de enfrentar un escenario tan complejo mostró la importancia de tener un Estado fuerte para realizar estas tareas. La capacidad estatal dispar entre países y al interior de cada país junto con las distintas configuraciones de la prestación de servicios de salud pública y privada, generaron barreras de acceso a la atención sanitaria en sistemas ya desiguales.

Por último, la pandemia hizo visibles las graves consecuencias sociales de las áreas desatendidas por las políticas estatales, como el cuidado infantil y la protección ante nuevos riesgos sociales (por ejemplo, la salud mental).

También subrayó la deficiente regulación de los actores privados, que limitó la capacidad del Estado para vigilar el cumplimiento de las regulaciones laborales por parte de las empresas, incluidas aquellas específicamente implementadas para reducir los costos sociales de la pandemia (por ejemplo, la prohibición de despidos y la provisión de licencias pagas) y para hacer cumplir las medidas de distanciamiento social.

7.3 ¿La pandemia desafió la segmentación en política social?

Por el lado positivo, los gobiernos de toda América Latina expandieron las transferencias monetarias existentes e implementaron otras nuevas en respuesta a la pandemia (Blofield, Pribble y Giambruno, 2023). En este sentido, la irrupción del COVID-19 ofreció a los países una oportunidad única de expandir la política social desafiando la segmentación, sobre todo en cuanto a las transferencias monetarias y a las políticas de cuidado. Las transferencias monetarias de emergencia llegaron a una población antes excluida que no era lo suficientemente pobre para recibir asistencia social, ni formaba parte de la fuerza laboral formal por lo que no podía recibir los beneficios contributivos de la seguridad social. En cuanto a los servicios de cuidado, la pandemia amplió las demandas de cuidado no remunerado, producto del cierre de las escuelas, del agotamiento de los servicios médicos y, en general, de la reducción de todos los servicios no esenciales. En conjunto, la crisis no solo creó la oportunidad de reconocer la necesidad del trabajo de cuidados, sino que también creó la expectativa de que el Estado abordaría este tema en el futuro.

Aunque todavía es demasiado pronto para decirlo, parece que esta oportunidad fue desperdiciada. Los trabajadores y trabajadoras formales han podido aprovechar las prestaciones vinculadas a los sistemas contributivos, mientras que las personas excluidas (más afectadas por la pandemia y la crisis económica) experimentaron problemas de acción colectiva que limitaron su capacidad de reclamar y exigir nuevos beneficios. Por ende, con algunas excepciones, las medidas de emergencia fueron temporales y no se han convertido en programas permanentes (Lavinas, 2021; Blofield, Pribble y Giambruno, 2023).

Los legados de política son una de las razones por las cuales las respuestas de los gobiernos al COVID-19 han fallado en reducir la segmentación en las políticas sociales. Como se mencionó en la Sección 5.3, los legados de política explican el carácter segmentado de la política social expansiva en la primera década del siglo veintiuno. Las respuestas de política social al COVID-19 también surgieron en el contexto de los programas existentes y, hasta ahora, no han logrado romper la segmentación histórica. Esto fue sobre todo problemático en el caso de los servicios sociales. Antes de la pandemia, casi un tercio de la población latinoamericana carecía de acceso al sistema de salud por razones económicas y cerca del 20% por barreras geográficas (PAHO, 2015). Las respuestas ante el COVID-19 se montaron sobre estas desigualdades existentes que, hasta ahora, no han sido cuestionadas. El papel de los legados de política también puede explicar, en parte, por qué las transferencias monetarias de emergencia, implementadas en casi todos los países durante 2020 para quienes trabajan en el sector informal y carecen de cobertura contributiva, fueron de corta duración en medio de una crisis. Por último, si las condiciones económicas favorables que facilitaron la expansión de la política social ya se habían debilitado antes de la pandemia, durante la crisis por el COVID-19 el espacio fiscal se deterioró aún más, lo que limitó las iniciativas en política social. Al sopesar la magnitud de la pandemia, el hecho de que los gobiernos pudieran responder con medidas expansivas es realmente notable — incluso si fueron de corta duración e incapaces de evitar la segmentación. También es muy posiblemente un legado del período expansivo de la región.

Sin embargo, dada la magnitud y el carácter multidimensional del shock pandémico, el futuro papel de los legados está por verse. ¿Podría ser que la fuerza de los legados sea de alguna forma erosionada, a medida que la pandemia se extiende a lo largo del tiempo? Como alternativa, ¿podrían fortalecerse los legados previos a la pandemia a medida que los países se recuperan del shock? Dado los altos déficits públicos, las limitaciones de la deuda externa y las continuas dificultades para aumentar los impuestos, puede haber más razones para ser pesimista que optimista, al menos para muchos países latinoamericanos.

8 Conclusión: Lo que hemos aprendido como guía para el futuro

En 2013, América Latina tenía motivos de esperanza. Tras decenios de ajuste estructural, austeridad y crisis macroeconómicas, la región había experimentado un período de crecimiento económico sostenido y de expansión fiscal. Muchas personas mejoraron su calidad de vida y lograron salir de su situación de pobreza. Los ingresos familiares aumentaron como resultado de las mejores condiciones del mercado laboral y de la expansión en los beneficios sociales. La expansión de las políticas sociales, incluidas las pensiones y la asistencia social, así como los servicios de salud y cuidado, permitió incorporar algunos grupos sociales antes excluidos, como las familias con bajos ingresos y las personas que trabajan de forma autónoma o informal, con baja calificación, o en el servicio doméstico, muchas de ellas mujeres. La cobertura del sistema de protección social aumentó en toda la región bajo la nueva ola de incorporación social de la primera década de los 2000.

Para explicar estos cambios, una amplia literatura de diferentes campos disciplinarios analizó la expansión de la política social en América Latina aportando conceptos novedosos, mediciones multidimensionales y teorías precisas. Estas innovaciones conceptuales y empíricas mejoraron las herramientas analíticas para el estudio comparado de los modelos de política social a través del tiempo y el espacio. Estos avances mejoraron nuestra capacidad de entender los aspectos políticos de la política social, no solo en América Latina, sino también en otras partes del mundo, incluidas las democracias industriales avanzadas. En este trabajo nos hemos basado en estas contribuciones para caracterizar las formas en las que la expansión ocurrió en América Latina. También exploramos los factores que la explican. Nuestros hallazgos muestran que la expansión de la política social es multidimensional y que esta complejidad permite una comprensión más completa del carácter real del cambio. Específicamente, encontramos que el enfoque en el gasto y la cobertura es insuficiente, y que otras características de la política (incluidas la generosidad, la calidad y la equidad) son claves para entender tanto el alcance como los impactos de las nuevas políticas sociales.

La expansión de la política social en la primera década del siglo veintiuno intentó abordar algunas de las brechas y desigualdades que han caracterizado a los sistemas de protección social en América Latina desde hace mucho tiempo. Los sistemas de seguridad social contributivos, desarrollados durante la segunda mitad del siglo veinte, excluían a grandes grupos de la población y beneficiaban, sobre todo, a quienes trabajan de manera formal en zonas urbanas. En la primera década del siglo veintiuno, los gobiernos trataron de cambiar esta realidad, en primer lugar, al expandir los beneficios no contributivos, como las pensiones sociales y los programas de TMC para familias en situación de pobreza. Algunos gobiernos también impulsaron la incorporación de nuevas categorías de trabajadores/as en los sistemas de seguridad social, cubrieron nuevos riesgos sociales, facilitaron el acceso a las pensiones contributivas, mejoraron la cobertura básica de salud y ampliaron los servicios de cuidado infantil. Si bien los programas focalizados por ingreso seguían siendo ampliamente usados, sobre todo para beneficios monetarios, algunos países implementaron criterios de elegibilidad menos estrictos y otros procuraron avanzar hacia el acceso universal. Una característica novedosa de muchos de estos programas fue la asignación no discrecional de los beneficios. Además, algunos países redujeron el papel del mercado en la prestación de servicios, así como en los sistemas de pensiones previamente privatizados. En otros países, por el contrario, el papel del sector privado creció. En general, a pesar de las diferencias en el alcance y profundidad de la expansión entre los países, hubo una clara tendencia hacia un mayor acceso a las prestaciones de la política social.

Pero ¿tuvieron éxito estas reformas para romper con el carácter desigual de la política social latinoamericana? No exactamente. La expansión de la política social en la primera década del siglo veintiuno fue segmentada entre diferentes grupos poblacionales y sectores de política. También fue heterogénea entre países. Las mejoras en el acceso y la generosidad, donde ocurrieron, general- mente mantuvieron diferentes "carriles" de incorporación para quienes trabajan de manera formal e informal, así como para las personas de clase media y aquellas en situación de pobreza. De este modo, los resultados variaron según la situación en el mercado laboral y la clase social, el género, la raza, la etnia, el estatus migratorio y la región de residencia (urbana–rural). Y, si bien las poblaciones desfavorecidas se han beneficiado de la expansión en la mayoría de los casos, siguen existiendo patrones históricos de exclusión y desigualdad en materia de política social.

En términos de mercado laboral y clase social, la expansión de los programas de TMC, las pensiones no contributivas y la salud básica lograron reducir las brechas de acceso, pero la salud y las pensiones contributivas siguen siendo de mejor calidad y más generosas que las no contributivas. En algunos casos, la diferencia entre ambos tipos de beneficios es muy significativa. Una tendencia similar aparece cuando nos centramos en el género: las mujeres mejoraron su acceso autónomo a los recursos debido a su incorporación al mercado laboral y a un mayor acceso a los beneficios monetarios de los nuevos programas sociales. Sin embargo, las mujeres siguen teniendo una menor cobertura de pensiones y beneficios más bajos que los hombres. Los problemas de desigualdad de género han sido incluidos en las agendas políticas produciendo innovaciones en algunos países, pero varios programas sociales siguen teniendo diseños maternalistas y sesgados por el género, y los servicios de cuidado infantil se mantienen subdesarrollados. También prevalece la segmentación por raza y etnia, en especial en términos de acceso, calidad y generosidad. Las personas inmigrantes enfrentan desafíos particulares para tener acceso a una política social de buena calidad, sobre todo cuando las políticas requieren muchos años de residencia legal o empleo formal. Esto se ha traducido en un menor acceso a las pensiones y al sistema de salud para la población inmigrante en comparación con la población ciudadana.

¿Qué explica este proceso de expansión segmentada de la política social? En este trabajo, argumentamos que la democracia y las condiciones económicas favorables facilitaron la expansión de política social y que esta expansión fue segmentada debido a los legados de la política. En primer lugar, las décadas de democracia permitieron a los movimientos sociales y a los partidos de izquierda organizar y movilizar demandas de expansión de la política social. Estas demandas, a su vez, tuvieron una presencia importante en épocas electorales, cuando la creciente competencia electoral incentivó a las élites políticas a incorporar a las personas excluidas. Nuestros hallazgos reflejan un amplio consenso en la literatura sobre la era expansiva en cuanto a que la democracia puede producir una protección social más extensa, pero que el proceso suele tardar y requerir del crecimiento de la sociedad civil y de los partidos de izquierda, así como de elecciones sumamente competitivas. Esta lección sobre *cómo* influye la democracia en el desarrollo de políticas sociales es una de las muchas contribuciones que la literatura sobre la era expansiva de América Latina puede ofrecer a las discusiones sobre los Estados de Bienestar en otras partes del mundo.

En segundo lugar, las condiciones económicas favorables en la primera década del siglo veintiuno hicieron posible la expansión de los beneficios. El crecimiento económico y el auge de materias primas, así como una mayor disponibilidad de recursos internacionales, dieron a los gobiernos el espacio fiscal necesario para aumentar el gasto social. Esto hizo posible expandir el acceso e incorporar a una nueva población beneficiaria sin producir los conflictos distributivos que habían caracterizado a la región en contextos de austeridad. En un entorno de mayor espacio fiscal, la ampliación de los beneficios para algunos grupos no implicaba recortes para otros, y todos los grupos podían beneficiarse de alguna manera de la expansión del bienestar.

En tercer lugar, el legado de políticas sociales preexistentes promovió la segmentación entre grupos sociales, sectores y en el territorio. Las políticas previas suelen ser populares entre la población receptora y, por lo tanto, resultan difíciles de cambiar, incluso cuando crean profundas desigualdades. Esto sucede porque cada grupo se resistirá a perder sus beneficios. Las políticas pasadas crean grupos de interés y pueden empoderar a algunos grupos sobre otros. También crean instituciones que producen una cierta distribución de derechos y recursos, construyen jerarquías basadas en clase, género, etnia, raza o región, y producen dinámicas específicas de cada sector que enmarcan las reformas futuras. Por último, el diseño de las políticas previas moldea las preferencias y el comportamiento de los y las votantes y, a la vez, la competencia política. Por ende, políticas que han sido creadas en el pasado con un diseño particularista que provee diferentes beneficios a distintos grupos son difíciles de integrar en los modelos más universalistas si están en juego los derechos y beneficios de grupos poderosos. La democracia y la competencia electoral generan un contexto favorable para que los nuevos grupos exijan beneficios, pero no necesariamente impulsan un sistema integrado, universal y homogéneo para todas las personas.

De este modo, la democracia puede promover de manera simultánea más acceso, mejores beneficios *y* segmentación.

A lo largo de la historia, los sistemas latinoamericanos de protección social han pasado por períodos de expansión y retracción. En cada una de estas olas, los legados de políticas previas han influido en los cambios posteriores, limitando el alcance del desmantelamiento durante los períodos de retracción y de las transformaciones estructurales profundas durante las olas expansivas. Los legados de política (expresados en las ideas, intereses y distribución del poder de los actores, así como en las estructuras, prácticas y normas institucionales) enmarcan las reformas dentro de límites que, en parte, reflejan y reproducen el *statu quo*. Pero estos legados se construyen y cambian gradualmente en el proceso de reforma de la política social. En consecuencia, la expansión de la política social en la primera década del siglo veintiuno creó nuevos grupos de interés que ahora tienen más voz para defender sus beneficios – sobre todo si la democracia en la región sobrevive. De manera similar, la era expansiva brindó legitimidad social a nuevas formas de asignar recursos y beneficios estatales, al moldear ideas que apoyan las demandas redistributivas. Estos legados, a su vez, quizás darán forma a las trayectorias futuras de cambio. Los trabajos sobre la diversa naturaleza de los legados de políticas previas son una contribución fundamental de la literatura latinoamericana a nuestra comprensión de la evolución de los Estados de Bienestar en todo el mundo.

Si la política social se expandió de manera segmentada durante la primera década del siglo veintiuno, ¿qué sucedió después de la ola expansiva? Desde aproximadamente 2013, la mayoría de las condiciones que hicieron posible la expansión han desaparecido o han sido profundamente cuestionadas. Con el fin del auge de materias primas, el crecimiento se ralentizó y los ingresos fiscales se estancaron, mientras la democracia también sufrió un retroceso. Además, el poder de la izquierda se ha debilitado y la pandemia mundial puso a prueba a sistemas de protección social en todo el mundo. Si bien el contexto ha cambiado, creemos que el conocimiento acumulado sobre la expansión de la política social en la primera década del siglo veintiuno puede ayudarnos a comprender mejor esta realidad contemporánea. Bajo la mejor luz, la era expansiva generó nuevas expectativas y demandas al Estado con respecto a más y mejores políticas públicas, las cuales aún no han sido satisfechas plenamente. Esto sugiere que, si bien la era actual puede impulsar a la región hacia la austeridad, el proceso podría no tener el mismo resultado que en la década de los años noventa, dado que la experiencia de la expansión ha transformado los sistemas de protección social, así como las expectativas, en la región. Por ejemplo, la politización de las desigualdades y el Estallido Social de octubre de 2019 en Chile podrían impulsar una mayor expansión de la política social, incluso en una dirección más universal, a pesar de las crecientes limitaciones económicas.

Al mismo tiempo, la politización de las desigualdades a través de protestas masivas en Brasil, Chile y Colombia también apunta a las limitaciones de la ola expansiva y a su fracaso para superar las desigualdades históricas. Estas protestas, como explicamos en la sección anterior, no necesariamente se fusionan en torno a las demandas de universalismo y menor segmentación, sino que reflejan demandas emergentes y expectativas insatisfechas que la ola expansiva descuidó. En general, las crecientes tensiones sociales que surgen en un contexto socioeconómico y político menos favorable plantean nuevas preguntas sobre la manera en que los países latinoamericanos abordarán el llamado a la incorporación social en un contexto de crecientes limitaciones fiscales y crisis económica.

El impacto del COVID-19 en los sistemas de protección social sigue siendo un tema pendiente en la literatura. La pandemia ha tenido impactos socioeconómicos devastadores en toda la región. Los indicadores sociales se han deteriorado y la pobreza extrema ha aumentado a niveles que no se habían visto en más de veinte años (CEPAL, 2021a). La disminución en el empleo ha afectado de manera desproporcionada a las mujeres, lo que se suma a su posición desventajosa en el mercado laboral y a su acceso más limitado a la seguridad social (CEPAL, 2021b). La pandemia y el contexto en el cual surgió han exacerbado las desigualdades estructurales que persistían en América Latina incluso después de la bonanza económica, dejando claro que las mejoras a los sistemas de protección social fueron imperfectas. En todos los países, las respuestas de los gobiernos ante el COVID-19 han llevado a la creación de nuevas políticas sociales, y a la expansión de aquellas creadas en la primera década del siglo veintiuno. Estas incluyen programas de transferencias monetarias que pudieron distribuir rápidamente beneficios a las poblaciones empobrecidas. Sin embargo, nada de esto ha sido suficiente para abordar las crecientes vulnerabilidades y las marcadas desigualdades. Solo un porcentaje muy pequeño de la población mantuvo sus niveles salariales y pasó a trabajar de forma remota durante la pandemia, mientras que una mayoría enfrentó serias dificultades económicas y dependió de transferencias monetarias de emergencia residuales e impredecibles.

La pandemia del COVID-19 también subrayó temas que no han recibido suficiente atención en la literatura de la ola expansiva en América Latina, incluido el papel de las relaciones de poder y de los actores internacionales, la débil regulación del sector privado y los problemas de capacidad estatal limitada y dispar. En el ámbito de la salud, los debates sobre el papel de la Organización Mundial de la Salud en la gestión de la pandemia, por un lado, y los acuerdos entre los países ricos y las compañías farmacéuticas, por el otro, parecen sugerir que los actores internacionales, las corporaciones y las relaciones de poder internacionales pueden ser importantes para las políticas sanitarias de maneras menos visibles que durante "tiempos normales". Un año después de haberse iniciado la pandemia, casi el 90% de las vacunas para COVID-19 se había administrado en los países de ingresos altos y medio-altos, mientras que solo un 0,1% había sido administrado en los países de ingresos bajos (Collins y Holder, 2021). El lento inicio de la campaña de vacunación en América Latina se debe, en gran medida, a la concentración de las vacunas en los países ricos.

Por último, la experiencia de la pandemia exige una renovada atención a los temas de capacidad estatal, un factor que, en cierto modo, no ha sido central en la literatura sobre la fase expansiva. Los peligros de una débil capacidad estatal se hicieron más evidentes durante la gestión de la crisis por el COVID-19, que requirió coordinación política e institucional, planificación y toma de decisiones basada en la evidencia. Todos estos son aspectos fundamentales para la formulación de políticas públicas y requieren de un nivel de capacidad que muchos Estados latinoamericanos no tienen.

Dos décadas después del comienzo de la ola expansiva, el futuro de la protección social en América Latina es preocupante. Las limitaciones presupuestarias, la erosión de la democracia, el aumento del malestar social, el ascenso de la derecha y la pandemia mundial afectan la capacidad de la región de disminuir la segmentación de la política social y mantener su ritmo de expansión. Sin embargo, también hay espacio para la esperanza. La expansión de las políticas sociales volvió a poner al Estado al centro de la política y de las luchas distributivas. Las desigualdades socioeconómicas estructurales se han politizado cada vez más, por lo que se han amplificado las voces de personas anteriormente excluidas y de clases medias emergentes pero vulnerables, que han tomado las calles para exigir nuevos o mejores beneficios. La pandemia ha hecho más evidente que nunca la necesidad de construir Estados más fuertes, abriendo el camino para la expansión de las políticas sociales, esta vez, ojalá, de manera más equitativa.

Referencias

Aguirre, R. & Scuro Somma, L. (2010). *Panorama del sistema previsional y género en Uruguay. Avances y desafíos*. Santiago: CEPAL.

Alejo, J., Bergolo, M. & Carbajal, F. (2014). Las transferencias públicas y su efecto distributivo. La experiencia de los países del Cono Sur en el decenio de los 2000. *El Trimestre Económico*, 81(321), 163–198.

Altman, D. & Castiglioni, R. (2020). Determinants of Equitable Social Policy in Latin America (1990–2013). *Journal of Social Policy*, 49(4), 763–784.

Alves, J. (2015). (Un?)Healthy Politics: The Political Determinants of Subnational Health Systems in Brazil. *Latin American Politics and Society*, 57(4), 119–142.

Anria, S. & Niedzwiecki, S. (2016). Social Movements and Social Policy: The Bolivian Renta Dignidad. *Studies in Comparative International Development*, 51(3), 308–327.

Antía, F. (2018). Regímenes de política social en América Latina: Una revisión crítica de la literatura. *Desafíos*, 30(2), 193–235.

Antía, F., Castillo, M., Fuentes, G. & Midaglia, C. (2013). La renovación del sistema de protección uruguayo: El desafío de superar la dualización. *Revista Uruguaya de Ciencia Política*, 22(9), 153–174.

Antía, F., Castillo, M. & Midaglia, C. (2015). La estratificación como reto para los ajustes de los sistemas de bienestar. *Revista Latinoamericana de Investigación Crítica*, 3, 101–135.

Arenas de Mesa, A. (2019). *Los sistemas de pensiones en la encrucijada: Desafíos para la sostenibilidad en América Latina*. Santiago: CEPAL.

Artaraz, K. (2011). New Latin American Networks of Solidarity? *Global Social Policy*, 11(1), 88–105.

Arza, C. (2012). The Politics of Counter-reform in the Argentine Pension System: Actors, Political Discourse, and Policy Performance. *International Journal of Social Welfare*, 21, 46–60.

Arza, C. (2017). Non-contributory Benefits, Pension Re-reforms and the Social Protection of Older Women in Latin America. *Social Policy and Society*, 16(3), 361–375.

Arza, C. (2018a) Cash Transfers for Families and Children in Argentina, Brazil and Chile: Segmented Expansion or Universal Benefits? *Journal of International and Comparative Social Policy*, 34(1), 58–75.

Arza, C. (2018b). Child-Centered Social Policies in Argentina: Expansion, Segmentation and Social Stratification. *Social Policy & Administration*, 52(6), 1217–1232 .

Arza, C. (2019). Basic Old Age Protection in Latin America: Non-contributory Pensions, Coverage Expansion Strategies and Aging Patterns across Countries. *Population and Development Review*, 45, 23–45.

Arza, C. & Martínez Franzoni, J. (2018). A Long Decade of Gendering Social Policy in Latin America: Transformative Steps and Inequality Traps. En S. Shaver, coord., *Handbook on Gender and Social Policy*. Cheltenham: Edward Elgar, pp. 408–429.

Barba Solano, C. (2019). Welfare Regimes in Latin America: Thirty Years of Social Reforms and Conflicting Paradigms. En G. Cruz-Martínez, coord., *Welfare and Social Protection in Contemporary Latin America*. Londres: Routledge, pp. 29–58.

Barrientos, A. (2004). Latin America: Towards a Liberal-Informal Welfare Regime. En I. Gough & G. Wood, coords., *Insecurity and Welfare Regimes in Asia, Africa and Latin America*. Cambridge: Cambridge University Press, pp. 121–168.

Barrientos, A. (2009). Labour Markets and the (Hyphenated) Welfare Regime in Latin America. *Economy and Society*, 38(1), 87–108.

Barrientos, A. (2011). On the Distributional Implications of Social Protection Reforms in Latin America. Documento de Trabajo no. 2011/69, United Nations University/World Institute for Development Economics Research.

Barrientos, A. (2013). *Social Assistance in Developing Countries*. Cambridge: Cambridge University Press.

Barrientos, A. (2019). Social Protection in Latin America: One Region, Two Systems. En G. Cruz-Martínez, coord., *Welfare and Social Protection in Contemporary Latin America*. Nueva York: Routledge, pp. 59–71.

Barros, R., Carvalho, M. de, Franco, S. & Mendonça, R. (2010). Markets, the State, and the Dynamics of Inequality in Brazil. En L. López-Calva & N. Lustig, coords., *Declining Inequality in Latin America. A Decade of Progress?* Washington, DC: Brookings Institution, pp. 134–174.

Béland, D., Medrano, A. & Rocco, P. (2018). Federalism and the Politics of Bottom-Up Social Policy Diffusion in the United States, Mexico, and Canada. *Political Science Quarterly*, 133(3), 527–560.

Bergman, M. (2019). Economic Growth and Tax Compliance in Latin America: Did the "Good Times" Help to Reduce Tax Evasion? En G. Flores-Macías, coord., *The Political Economy of Taxation in Latin America*. Cambridge: Cambridge University Press, pp. 53–75.

Berlinski, S. & Schady, N. (2015). *Los primeros años: El bienestar infantil y el papel de las políticas públicas*. Nueva York: BID.

Bernales-Baksai, P. & Solar-Hormazábal, O. (2018). Advancing Health Coverage of Informal Workers in Three Latin American Countries. *Social Policy & Administration*, 52(6), 1201–1216.

Bianculli, A., Ribeiro Hoffmann, A. & Nascimento, B. (2022). Institutional Overlap and Access to Medicines in MERCOSUR and UNASUR (2008–2018). Cooperation before the Collapse? *Global Public Health*, 17(3), 363–376.

Bird, R. & Zolt, E. (2015). Fiscal Contracting in Latin America. *World Development*. 67, 323–335.

Birn, A., Muntaner, C. & Afzal, Z. (2017). South–South Cooperation in Health: Bringing in Theory, Politics, History, and Social Justice. *Cadernos de Saúde Pública*, 33(2), 37–52.

Blofield, M. (2012). *Care Work and Class: Domestic Workers' Struggle for Equal Rights in Latin America*. University Park: Pennsylvania State University Press.

Blofield, M. (2016). Moving away from Maternalism? Paper delivered at the RC19 Conference. University of Costa Rica, San José, August 26–27.

Blofield, M. (2019). The Politics of Social Policies in Latin America. *Latin American Research Review*, 54(4), 1056–1064.

Blofield, M., Ewig, C. & Piscopo, J. (2017). The Reactive Left: Gender Equality and the Latin American Pink Tide. *Social Politics*, 24, 345–369.

Blofield, M., Giambruno, C. & Filgueira, F. (2020). *Policy Expansion in Compressed Time: Assessing the Speed, Breadth and Sufficiency of Post-COVID-19 Social Protection Measures in 10 Latin American Countries*. Santiago: CEPAL.

Blofield, M. & Jokela, M. (2018). Paid Domestic Work and the Struggles of Care Workers in Latin America. *Current Sociology*, 6(4), 531–546.

Blofield, M. & Martínez Franzoni, J. (2014). Maternalism, Co-responsibility and Social Equity: A Typology of Work–Family Policies. *Social Politics*, 22(1), 38–59.

Blofield, M., Pribble, J. & Giambruno, C. (2023). *The Politics of Social Protection during Times of Crisis*. Cambridge: Cambridge University Press.

Bonilla-Chacín, M. & Aguilera, N. (2013). *The Mexican Social Protection System in Health*. Washington, DC: World Bank.

Bonvecchi, A. (2008). Políticas sociales subnacionales en países federales: Argentina en perspectiva comparada. *Desarrollo Económico*, 48(190), 307–339.

Borges Sugiyama, N. (2011). The Diffusion of Conditional Cash Transfer Programs in the Americas. *Global Social Policy*, 11, 250–278.

Borges Sugiyama, N. (2013). *Diffusion of Good Government: Social Sector Reforms in Brazil*. South Bend: University of Notre Dame Press.

Brinks, D. M., Levitsky, S. & Murillo, M. V. (2019). *Understanding Institutional Weakness. Power and Design in Latin American Institutions*. Cambridge: Cambridge University Press.

Brooks, S. (2015). Social Protection for the Poorest: The Adoption of Antipoverty Cash Transfer Programs in the Global South. *Politics and Society*, 43(4), 551–582.

Cabieses, B., Tunstall, H., Pickett, K. & Gideon, J. (2013). Changing Patterns of Migration in Latin America: How Can Research Develop Intelligence for Public Health? *Revista Panamericana de Salud Pública*, 34, 68–74.

Cabrera, M., Lustig, N. & Morán, H. (2015). Fiscal Policy, Inequality, and the Ethnic Divide in Guatemala. *World Development*, 76, 263–279.

CAF (2013). *RED 2012: Public Finance for Development: Strengthening the Connection between Income and Expenditure*. Caracas: CAF–Banco de Desarrollo de América Latina y el Caribe.

Caldwell, K. L. (2017). *Health Equity in Brazil: Intersections of Gender, Race, and Policy*. Urbana: University of Illinois Press.

Calvo, E. & Murillo, M. (2014). Partisan Linkages and Social Policy Delivery in Argentina and Chile. In D. Abente & L. Diamond, coords., *Clientelism, Social Policy, and the Quality of Democracy*. Baltimore: Johns Hopkins University Press, pp. 17–38.

Cameron, M., Hershberg, E. & Beasley-Murray, J. (2010). *Latin America's Left Turns. Politics, Policies and Trajectories of Change*. Boulder: Lynn Rienner.

Cammett, M. & MacLean, L. (2014). Introduction. In M. Cammett & L. MacLean, coords., *The Politics of Non-state Social Welfare*. Ithaca: Cornell University Press, pp. 1–16.

Campello, D. (2015). *The Politics of Market Discipline in Latin America: Globalization and Democracy*. Nueva York: Cambridge University Press.

Carnes, M. & Mares, I. (2014). Coalitional Realignment and the Adoption of Non-contributory Social Insurance Programmes in Latin America. *Socio-Economic Review*, 12(4), 695–722.

Carnes, M. & Mares, I. (2016). Redefining Who's "In" and Who's "Out": Explaining Preferences for Redistribution in Bolivia. *The Journal of Development Studies*, 52(11), 1647–1664.

Castiglioni, R. (2018). Explaining Uneven Social Policy Expansion in Democratic Chile. *Latin American Politics and Society*, 60(3), 54–76.

Castiglioni, R. (2019). *The Right and Work–Family Policies*. Santiago. Documento ICSO-UDP no. 58.

Castiglioni, R. (2020). La ampliación de políticas sociales bajo gobiernos de derecha y centro derecha en América Latina. *Revista Española de Sociología*, 29(3–2), 179–188.

Cecchini, S. & Atuesta, B. (2017). Conditional Cash Transfer Programmes in Latin America and the Caribbean: Coverage and Investment Trends. *Social*

Policy Series – CEPAL, 224. https://cepal.org/en/publications/42109-condi
tional-cash-transfer-programmes-latin-america-and-caribbean-coverage-and
(26 de octubre de 2023).

Cecchini, S. & Madariaga, A. (2011). *Programas de transferencias condicionadas: Balance de la experiencia reciente en América Latina y el Caribe.*
Santiago: CEPAL

Cecchini, S. & Martínez, R. (2012). *Inclusive Social Protection in Latin
America: A Comprehensive, Rights-Based Approach.* Santiago: CEPAL.

CEPAL (2021a). La autonomía económica de las mujeres en la recuperación
sostenible y con igualdad. Informe Especial COVID-19, no. 9. Santiago:
Naciones Unidas.

CEPAL (2021b). *Panorama Social América Latina 2020.* Santiago: Naciones
Unidas.

Chapman Osterkatz, S. (2013). Commitment, Capacity, and Community: The
Politics of Multilevel Health Reform in Spain and Brazil. Ph.D. Dissertation,
University of North Carolina, Chapel Hill.

Ciccia, R. & Guzmán-Concha, C. (2018). The Dynamics of Redistributive
Social Policy in Latin America, documento presentado en UNSRID
Conference Overcoming Inequalities in a Fractured World. Ginebra: 8–9 de
noviembre. https://bit.ly/3yWZNFt (26 de octubre de 2023).

Ciccia, R. & Guzmán-Concha, C. (2021). Protest and Social Policies for
Outsiders: The Expansion of Social Pensions in Latin America. *Journal of
Social Policy*, 52(2), 1–22.

Collins, K. & Holder, J. (2021). See How Rich Countries Got to the Front of the
Vaccine Line. *The New York Times*. https://nyti.ms/3yzsO8O (26 de octubre
de 2023).

Cook, M. L. & Bazler, J. C. (2013). Bringing Unions Back In: Labour and Left
Governments in Latin America. Documento de trabajo. School of Industrial
and Labor Relations. Ithaca: Cornell University.

Cookson, T. (2017). The Unseen Gender Impact of Conditionality:
Extra-official Conditions. International Policy Centre for Inclusive Growth
One Pager, no. 345.

Cornia, G., Gómez-Sabaini, J. & Martorano, B. (2014). Tax Policy and Income
Distribution during the Last Decade. En G. Cornia, coord., *Falling Inequality
in Latin America: Policy Change and Lessons*. Oxford: Oxford University
Press, pp. 295–317.

Correa Aste, N. (2011). Interculturalidad y políticas públicas: Una agenda al
2016. *Economía y Sociedad*, 77, 53–58.

Cotlear, D., Gómez-Dantés, O., Knaul, F., Atun, R., Barreto, I. C. H. C.,
Cetrángolo, O., Cueto, M., Francke, P., Frenz, P., Guerrero, R., Lozano, R.,

Marten, R. & Sáenz, R. (2015). La lucha contra la segregación social en la atención de salud en América Latina. *MEDICC Review*, 17, 40–52.

Cruz-Martínez, G. (2019). Esfuerzo de bienestar y pobreza desde el enfoque monetarista y de capacidades: Análisis transnacional en América Latina y el Caribe (1990–2010). *Política & Sociedad*, 52(3), 631–659.

Danani, C. & Hintze, S., coords. (2014). *Protecciones y desprotecciones (II): Problemas y debates de la seguridad social en la Argentina*. Buenos Aires: Universidad Nacional de General Sarmiento.

De la O, A. (2015). *Crafting Policies to End Poverty in Latin America: The Quiet Transformation*. Nueva York: Cambridge University Press.

del Pino, E., Sátyro, N. & Midaglia, M. (2021). The Latin American Social Protection Systems in Action. En N. Sátyro *et al.*, coords., *Latin American Social Policy Developments in the Twenty-First Century*. Cham: Palgrave Macmillan, pp. 1–32.

Díaz-Cayeros, A., Estévez, F. & Magaloni, B. (2017). *The Political Logic of Poverty Relief: Electoral Strategies and Social Policy in Mexico*. Nueva York: Cambridge University Press.

Dirección de Prensa del Palacio de Gobierno. (2008). Bolivia: Comienza la Revolución Social con el pago de la renta Dignidad. 1 de Febrero. https://www.aporrea.org/actualidad/n108462.html (30 de Enero de 2024).

Dorlach, T. (2020). The Causes of Welfare State Expansion in Democratic Middle-Income Countries: A Literature Review. *Social Policy & Administration*, 1–17.

Doyle, D. (2018). Taxation and Spending in Latin America. *Oxford Research Encyclopedia of Politics*. https://doi.org/10.1093/acrefore/9780190228637.013.632 (26 de octubre de 2023).

Duarte Recalde, R. (2014). Políticas sociales y democracia. Paraguay Debate, nota de debate, no. 10.

Esping-Andersen, G. (1990). *The Three Worlds of Welfare Capitalism*. Princeton: Princeton University Press.

Espino, A. (2016). Resultados de las reformas jurídicas relativas a las trabajadoras y los trabajadores domésticos en Uruguay. *Serie Condiciones de Trabajo y Empleo No. 84*. Ginebra: OIT.

Esquivel, V. & Kaufman, A. (2016). *Innovation in Care: New Concepts, New Actors, New Policies*. Berlin: UNRISD y Friederich Ebert Stiftung.

Ewig, C. (2010). 3. Health Policy and the Historical Reproduction of Class, Race, and Gender Inequality in Peru. En L. Reygadas & P. Gootenberg, coords., *Indelible Inequalities in Latin America*. Durham: Duke University Press, pp. 53–80.

Ewig, C. (2012). The Strategic Use of Gender and Race in Peru's 2011 Presidential Campaign. *Politics & Gender*, 8(2), 267.

Ewig, C. (2015). Reform and Electoral Competition: Convergence toward Equity in Latin American Health Sectors. *Comparative Political Studies*, 49(2), 184–218.

Ewig, C. (2018). Forging Women's Substantive Representation: Intersectional Interests, Political Parity, and Pensions in Bolivia. *Politics & Gender*, 14(3), 433–459.

Ewig, C. & Hernández, A. (2009). Gender Equity and Health Sector Reform in Colombia: Mixed State–Market Model Yields Mixed Results. *Social Science & Medicine*, 68(6), 1145–1152.

Ewig, C. & Kay, S. (2011). Postretrenchment Politics: Policy Feedback in Chile's Health and Pension Reforms. *Latin American Politics and Society*, 53(4), 67–99.

Fairfield, T. (2015). *Private Wealth and Public Revenue in Latin America: Business Power and Tax Politics*. Nueva York: Cambridge University Press.

Fairfield, T. & Garay, C. (2017). Redistribution under the Right in Latin America: Electoral Competition and Organized Actors in Policymaking. *Comparative Political Studies*, 50(14), 1871–1906.

Falleti, T. (2010). Infiltrating the State: The Evolution of Health Care Reforms in Brazil, 1964–1988. En J. Mahoney & K. Thelen, coords., *Explaining Institutional Change: Ambiguity, Agency, and Power*. Cambridge: Cambridge University Press, pp. 38–62.

Farías Antognini, A. (2019). *Políticas sociales en Chile: Trayectoria de inequidades y desigualdades en la distribución de bienes y servicios*. Santiago: UAH Ediciones.

Faur, E. (2014). *El cuidado infantil en el siglo XXI: Mujeres malabaristas en una sociedad desigual*. Buenos Aires: Siglo XXI Editores.

Fenwick, T. (2009). Avoiding Governors: The Success of Bolsa Família. *Latin American Research Review*, 44 (1), 102–131.

Fenwick, T. (2016). *Avoiding Governors: Federalism, Democracy, and Poverty Alleviation in Brazil and Argentina*. Notre Dame: University of Notre Dame Press.

Filgueira, F. (1998). El nuevo modelo de prestaciones sociales en América Latina: Eficiencia, residualismo y ciudadanía estratificada. *Centroamérica en reestructuración. Ciudadanía y política social*, 71–116.

Filgueira, F. (2007). Cohesión, riesgo y arquitectura de protección social en América Latina. En A. Sojo & A. Uthoff, coords., *Cohesión social en América Latina y el Caribe: Una revisión perentoria de algunas de sus dimensiones*. Santiago: CEPAL, pp. 149–169.

Filgueira, F. (2013). Los regímenes de Bienestar en el ocaso de la modernización conservadora: Posibilidades y límites de la ciudadanía social en América Latina. *Revista Uruguaya de Ciencia Política*, 22(2), 17–46.

Filgueira, F., Molina, C., Papadópoulos, G. & Tobar, F. (2006). Universalismo Básico. En C. Molina, coord., *Universalismo Básico: Una nueva política social para América Latina*. Washington, DC: BID, pp. 19–58.

Flechtner, S. & Sánchez-Ancochea, D. (2021). Why Is the Accumulation of Knowledge so Hard? Exploring Econometric Research on the Determinants of Public Social Spending in Latin America. *Latin American Research Review*, 57(2), 258–277.

Flores-Macias, G. (2019). *The Political Economy of Taxation in Latin America*. Cambridge: Cambridge University Press.

Garay, C. (2016). *Social Policy Expansion in Latin America*. Nueva York: Cambridge University Press.

García-Subirats, I., Vargas, I., Mogollón-Pérez, A. *et al.* (2014). Barriers in Access to Healthcare in Countries with Different Health Systems: A Cross-Sectional Study in Municipalities of Central Colombia and North-Eastern Brazil. *Social Science & Medicine*, 106, 204–213.

Gasparini, L. C., Cruces, G. A. & Tornarolli, L. H. (2016). Chronicle of a Deceleration Foretold: Income Inequality in Latin America in the 2010s. *Revista de Economía Mundial*, 43, 25–46.

Gasparini, L. C., Tornarolli, L. H. & Mejía, D. (2011). Recent Trends in Income Inequality in Latin America. *Economía*, 11(2), 147–201.

Gibson, C. (2019). *Movement-Driven Development: The Politics of Health and Democracy in Brazil*. Stanford: Stanford University Press.

Gideon, J. (2012). Engendering the Health Agenda? Reflections on the Chilean Case, 2000–2010. *Social Politics: International Studies in Gender, State & Society*, 19(3), 333–360.

Gideon, J. & Molyneux, M. (2012). Limits to Progress and Change: Reflections on Latin American Social Policy. *Social Politics*, 19(3), 293–298.

Giraudy, A., Moncada, E. & Snyder, R. (2019). *Subnational Research in Comparative Politics*. Nueva York: Cambridge University Press.

Giraudy, A. & Pribble, J. (2018). Rethinking Measures of Democracy and Welfare State Universalism: Lessons from Subnational Research. *Regional & Federal Studies*, 29(2), 135–163.

Giuffrida, A. (2007). Racial and Ethnic Disparities in Health in Latin America and the Caribbean: A Survey. En A. Giuffrida, coord., *Racial and Ethnic Disparities in Health in Latin America and the Caribbean*. Washington, DC: IADB, pp. 1–22.

Giuffrida, A. (2010). Racial and Ethnic Disparities in Latin America and the Caribbean: A Literature Review. *Diversity in Health and Care*, 7(2), 115–128.

Grugel, J. & Riggirozzi, P. (2018). Neoliberal Disruption and Neoliberalism's Afterlife in Latin America: What is Left of Post-neoliberalism? *Critical Social Policy*, 38(3), 547–566.

Guendel, L. (2011). Política social e interculturalidad: Un aporte para el cambio. *Ajayu*, 9(1), 1–52.

Haggard, S. & Kaufman, R. (2008). *Development, Democracy, and Welfare States: Latin America, East Asia, and Eastern Europe*. Princeton: Princeton University Press.

Hernández, T. (2013). Affirmative Action in the Americas. *Americas Quarterly*. www.americasquarterly.org/fulltextarticle/affirmative-action-in-the-amer icas/ (19 de noviembre de 2023).

Herrero, M. & Tussie, D. (2015). UNASUR Health: A Quiet Revolution in Health Diplomacy in South America. *Global Social Policy*, 15(3), 261–277.

Hicks, T. (2009). Strategic Partisanship Policy Seekers. Ph.D. dissertation. University of Oxford.

Holland, A. (2017). *Forbearance as Redistribution: The Politics of Informal Welfare in Latin America*. Nueva York: Cambridge University Press.

Holland, A. & Schneider, B. (2017). Easy and Hard Redistribution: The Political Economy of Welfare States in Latin America. *Perspectives on Politics*, 15, 988–1006.

Huber, E., Mustillo, T. & Stephens, J. (2008). Politics and Social Spending in Latin America. *The Journal of Politics*, 70(2), 420–436.

Huber, E. & Niedzwiecki, S. (2015). Emerging Welfare States in Latin America and East Asia. En S. Leibfried, E. Huber & M. Lange, coords., *The Oxford Handbook of Transformations of the State*. Oxford: Oxford University Press, pp. 796–812.

Huber, E. & Niedzwiecki, S. (2018). Changing Systems of Social Protection in the Context of the Changing Political Economies since the 1980s. *Ciência & Saúde Coletiva*, 23(7), 2085–2094.

Huber, E. & Pribble, J. (2011). Social Policy and Redistribution under Left Governments in Chile and Uruguay. En K. Roberts & S. Levitsky, coords., *The Resurgence of the Latin American Left*. Baltimore: Johns Hopkins University Press, pp. 117–138.

Huber, E. & Stephens, J. (2012). *Democracy and the Left: Social Policy and Inequality in Latin America*. Chicago: University of Chicago Press.

Hunter, W. & Borges Sugiyama, N. (2009). Democracy and Social Policy in Brazil: Advancing Basic Needs, Preserving Privileged Interests. *Latin American Politics and Society*, 51(2), 29–58.

IDEA (2019). *The Global State of Democracy 2019: Addressing the Ills, Reviving the Promise*. www.idea.int/publications/catalogue/global-state-of-democracy-2019 (26 de octubre de 2023).

ILO (2021). ILO Social Protection Platform. Concepts and Definitions. www .social-protection.org/gimi/ShowWiki.action?wiki.wikiId=1113 (26 de octubre de 2023).

Korpi, W. (1989). Power, Politics, and State Autonomy in the Development of Social Citizenship: Social Rights during Sickness in Eighteen OECD Countries since 1930. *American Sociological Review*, 54(3), 309–328.

Korpi, W. & Palme, J. (1998). The Paradox of Redistribution and Strategies of Equality: Welfare State Institutions, Inequality, and Poverty in the Western Countries. *American Sociological Review*, 63(5), 661–687.

Latinobarómetro (2018). *Informe 2018*. https://www.latinobarometro.org/lat docs/INFORME_2018_LATINOBAROMETRO.pdf (26 de octubre de 2023).

Lavinas, L. (2014). 21st Century Welfare. *New Left Review*, 84(6), 5–40.

Lavinas, L. (2015). Anti-poverty Schemes Instead of Social Protection. *Contemporary Readings in Law and Social Justice*, 7(1), 112–171.

Lavinas, L. (2017). *The Takeover of Social Policy by Financialization: The Brazilian Paradox*. Nueva York: Routledge.

Lavinas, L. (2021). Latin America at the Crossroads Yet Again: What Income Policies in the Post-pandemic Era? *Canadian Journal of Development Studies*, 42(1–2), 79–89.

Levitsky, S. & Roberts K. (2011). *The Resurgence of the Latin American Left*. Baltimore: Johns Hopkins University Press.

Levy, S. & Schady, N. (2013). Latin America's Social Policy Challenge: Education, Social Insurance, Redistribution. *Journal of Economic Perspectives*, 27(2), 193–218.

Lo Vuolo, R. (1995). *Contra la exclusión. La propuesta del ingreso ciudadano*. Buenos Aires: Miño y Dávila.

Lo Vuolo, R., ed. (2013). *Citizen's Income and Welfare Regimes in Latin America*. Nueva York: Palgrave Macmillan.

Lo Vuolo, R. (2016). The Limits of Autonomy in Latin American Social Policies: Promoting Human Capital or Social Control? *European Journal of Social Theory*, 19(2), 1–17.

López-Calva, L. & Lustig, N. (2010). *Declining Inequality in Latin America: A Decade of Progress?* Washington, DC: Brookings Institution Press.

Lustig, N. (2017). Fiscal Redistribution and Ethnoracial Inequality in Bolivia, Brazil, and Guatemala. *Latin American Research Review*, 52(2), 208–220.

Lustig, N., L. F. Lopez-Calva & E. Ortiz-Juárez. (2016). Deconstructing the Decline in Inequality in Latin America. En K. Basu & J. Stiglitz, coords.,

Inequality and Growth: Patterns and Policy: Tomo II: *Regions and Regularities*. Londres: Palgrave Macmillan, pp. 212–247.

Lustig, N. & Pereira C. (2016). The Impact of the Tax System and Social Spending on Income Redistribution and Poverty Reduction in Latin America. *Hacienda Pública Española / Review of Public Economics*, 219(4), 117–132.

Madrid, R., Hunter, W. & Weyland, K. (2010). The Policies and Performance of the Contestatory and Moderate Left. En K. Weyland, R. Madrid & W. Hunter, coords., *Leftist Governments in Latin America: Successes and Shortcomings*. Cambridge: Cambridge University Press, pp. 140–180.

Mahon, J. (2023). Taxation and State Capacity. In K. Baehler *et al.*, coords., *The Oxford Handbook of Governance and Public Management for Social Policy*. Oxford: Oxford University Press, pp. 915–932.

Mahon, R. (2015). Integrating the Social into CEPAL's Neo-structuralist Discourse. *Global Social Policy*, 5(1), 3–22.

Martín-Mayoral, F. & Sastre, J. F. (2017). Determinants of Social Spending in Latin America during and after the Washington Consensus: A Dynamic Panel Error-Correction Model Analysis. *Latin American Economic Review*, 26(10), 1–32.

Martínez, R. & Maldonado, R. (2019). Institutional Framework for Social Development. En R. Martínez, coord., *Institutional Frameworks for Social Policy in Latin America and the Caribbean*. Santiago: ECLAC, pp. 21–47.

Martínez Franzoni, J. (2008a). Welfare Regimes in Latin America: Capturing Constellations of Markets, Families, and Policies. *Latin American Politics and Society*, 50(2), 67–100.

Martínez Franzoni, J. (2008b). *¿Arañando bienestar? Trabajo remunerado, protección social y familias en Centroamérica*. Buenos Aires: CLACSO.

Martínez Franzoni, J. (2021). Conferencia Inaugural Cátedra Humboldt, Universidad de Costa Rica. https://bit.ly/3nUoJqN (26 de octubre de 2023).

Martínez-Franzoni, J. & Mesa-Lago, C. (2003). *Pensiones y salud: Avances, problemas pendientes y recomendaciones*. San José: Fundación Friedrich Ebert.

Martínez Franzoni, J. & Sánchez-Ancochea, D. (2015). *La incorporación social en Centroamérica: Trayectorias, obstáculos y oportunidades*. Ciudad de México: CEPAL.

Martínez Franzoni, J. & Sánchez-Ancochea, D. (2016). *The Quest for Universal Social Policy in the South: Actors, Ideas and Architectures*. Nueva York: Cambridge University Press.

Martínez Franzoni, J. & Sánchez-Ancochea, D. (2018). Undoing Segmentation? Latin American Health Care Policy during the Economic Boom. *Social Policy and Administration*, 52, 1181–1200.

Martínez Franzoni, J. & Sánchez-Ancochea, D. (2019). Overcoming Segmentation in Social Policy? Comparing New Early Education and Child Care Efforts in Costa Rica and Uruguay. *Bulletin of Latin American Research*, 38(4), 423–437.

Martínez Franzoni, J. & Voorend, K. (2012). Blacks, Whites, or Grays? Conditional Transfers and Gender Equality in Latin America. *Social Politics* 19(3), 383–407.

Mateo, M. & Rodriguez-Chamussy, L. (2015). *Who Cares about Childcare? Estimations of Childcare Use in Latin America and the Caribbean*. Nueva York: BID.

Mayer-Foulkes, D. & Larrea, C. (2007). Racial and Ethnic Health Inequities: Bolivia, Brazil, Guatemala, Peru. En A. Giuffrida, coord., *Racial and Ethnic Disparities in Health in Latin America and the Caribbean*. Washington, DC: IADB, pp. 131–135.

McGuire, J. (2010). *Wealth, Health, and Democracy in East Asia and Latin America*. Nueva York: Cambridge University Press.

Mesa-Lago, C. (1978). *Social Security in Latin America: Pressure Groups, Stratification and Inequality*. Pittsburgh: University of Pittsburgh Press.

Mesa-Lago, C. (2006). Structural Pension Reform – Privatization. En G. Clark, A. Munnell, K. Williams & J. Orszag, coords., *The Oxford Handbook of Pensions and Retirement Income*. Oxford: Oxford University Press, pp. 663–683.

Molyneux, M. (2006). Mothers at the Service of the New Poverty Agenda: Progresa/Oportunidades, Mexico's Conditional Transfer Programme. *Social Policy and Administration*, 40(4), 425–449.

Molyneux, M. (2009). Conditional Cash Transfers: A "Pathway to Women's Empowerment"? Pathways to Women's Empowerment Working Paper no. 5, IDS, University of Sussex. https://bit.ly/3AE0fKb (26 de octubre de 2023).

Molyneux, M., Jones, N. & Samuels, F. (2016). Can Cash Transfer Programmes Have "Transformative" Effects? *Journal of Development Studies*, 52(8), 1087–1098.

Montaño, S. (2011). Una mirada a la crisis de los márgenes. *Cuadernos de la CEPAL 96*, CEPAL, Santiago de Chile. www.cepal.org/es/publicaciones/27856-mirada-la-crisis-margenes (26 de octubre de 2023).

Montenegro, F. & Acevedo, O. (2013). *Colombia Case Study: The Subsidized Regime of Colombia's National Health Insurance System*. Washington, DC: World Bank.

Morais de Sá e Silva, M. (2017). *Poverty Reduction, Education, and the Global Diffusion of Conditional Cash Transfers*. Cham: Palgrave Macmillan.

Moreno Figueroa, M. & Saldívar Tanaka, E. (2016). "We Are Not Racists, We Are Mexicans": Privilege, Nationalism and Post-race Ideology in Mexico. *Critical Sociology*. 42(4–5), 515–533.

Murillo, M., Oliveros, V. & Vaishnav, M. (2011). Economic Constraints and Presidential Agency. En S. Levitsky & K. Roberts, coords., *The Resurgence of the Latin American Left*. Baltimore: Johns Hopkins University Press, pp. 52–70.

Nagels, N. (2018). Incomplete Universalization? Peruvian Social Policy Reform, Universalism, and Gendered Outcomes. *Social Politics: International Studies in Gender, State & Society*, 25(3), 410–431.

Niedzwiecki, S. (2014). The Effect of Unions and Organized Civil Society on Social Policy: Pension and Health Reforms in Argentina and Brazil, 1988–2008. *Latin American Politics and Society*, 56, 22–48.

Niedzwiecki, S. (2015). Social Policy Commitment in South America: The Effect of Organized Labor on Social Spending from 1980 to 2010. *Journal of Politics in Latin America*, 7(2), 3–42.

Niedzwiecki, S. (2016). Social Policies, Attribution of Responsibility, and Political Alignments: A Subnational Analysis of Argentina and Brazil. *Comparative Political Studies*, 49(4), 457–498.

Niedzwiecki, S. (2018). *Uneven Social Policies: The Politics of Subnational Variation in Latin America*. Nueva York: Cambridge University Press.

Niedzwiecki, S. (2021). Welfare States and Immigration in Latin America: Immigrants' Inclusion to Social Policy in Argentina. Work-in-Progress Seminar Manuscript, Kellogg Institute for International Studies, University of Notre Dame.

Niedzwiecki, S. & Anria, S. (2019). The Participatory Politics of Social Policies in Bolivia and Brazil. *Latin American Politics and Society*, 61(2), 115–137.

Nin-Pratt, A. & Valdés Conroy, H. (2020). After the Boom: Agriculture in Latin America and the Caribbean. IDB Technical Note no. 02082. https://publica tions.iadb.org/en/after-boom-agriculture-latin-america-and-caribbean (26 de octubre de 2023).

Noy, S. & Voorend, K. (2016). Social Rights and Migrant Realities. Migration Policy Reform and Migrants' Access to Health Care in Costa Rica, Argentina, and Chile. *Journal of International Migration and Integration*, 17(2), 605–629.

Ocampo, J. (2017). Commodity-Led Development in Latin America. *International Development Policy*, 9, 51–76.

Ocampo, J. & Gómez-Arteaga, N. (2016). Social Protection Systems in Latin America: An Assessment. Extension of Social Security (ESS) Working Paper no. 52, ILO. https://bit.ly/3PjNfNP (26 de octubre de 2023).

O'Donnell, G. (1993). On the State, Democratization and Some Conceptual Problems: A Latin American View with Glances at Some Postcommunist Countries. *World Development*, 21(8), 1355–1369.

O'Donnell, G. (1994). Ciudadanía, autoritarismo social y consolidación democrática. *Estudios Políticos*, 2, 167, 173.

OECD (2020). Enrolment Rates in Early Childhood Education and Care Services and Primary Education, 3- to 5-Year-Olds. OECD Family Database. https://data.oecd.org/students/enrolment-rate-in-early-childhood-education.htm (26 de octubre de 2023).

OIT (2011). Convenio sobre el trabajo decente para las trabajadoras y los trabajadores domésticos, C189. www.ilo.org/dyn/normlex/es/f?p=NORMLEXPUB: 12100:0::NO::P12100_ILO_CODE:C189 (26 de octubre de 2023).

O'Neill, K. L. (2010). *City of God: Christian Citizenship in Postwar Guatemala*. Berkeley: University of California Press.

Osorio Gonnet, C. (2018a). *¿Aprendiendo o emulando? Cómo se difunden las políticas sociales en América Latina*. Santiago: LOM.

Osorio Gonnet, C. (2018b). Comparative Analysis of the Adoption of Conditional Cash Transfers Programs in Latin America. *Journal of Comparative Policy Analysis: Research and Practice*, 21(4), 385–401.

Otero-Bahamon, S. (2016). When the State Minds the Gap: The Politics of Subnational Inequality in Latin America. Ph.D. dissertation, Northwestern University.

PAHO (2015). Expertos buscan maneras de aumentar hasta al menos el 6% del PBI la inversión pública en salud para lograr la salud universal. www3.paho .org/hq/index.php?option=com_content&view=article&id=11500:2015-experts-seek-ways-to-boost-public-spending-on-health-to-achieve-sdg&Itemid=0&lang=es#gsc.tab=0 (26 de octubre de 2023).

Perreira, K. & Telles, E. (2014). The Color of Health: Skin Color, Ethnoracial Classification, and Discrimination in the Health of Latin Americans. *Social Science & Medicine*, 116, 241–250.

Pierson, P. (1994). *Dismantling the Welfare State? Reagan, Thatcher, and the Politics of Retrenchment*. Nueva York: Cambridge University Press.

Pierson, P. (2000). Increasing Returns, Path Dependence, and the Study of Politics. *The American Political Science Review*, 94(2), 251–267.

Pribble, J. (2013). *Welfare and Party Politics in Latin America*. Nueva York: Cambridge University Press.

Pribble, J. (2015). The Politics of Building Municipal Institutional Effectiveness in Chile. *Latin American Politics and Society*, 57(3), 100–121.

Reygadas, L. & Filgueira, F. (2010). Inequality and the Incorporation Crisis: The Left's Social Policy Toolkit. En C. Maxwell & E. Hershberg, coords., *Latin America's Left Turns: Politics, Policies and Trajectories of Change*. Boulder: Lynne Rienner, pp. 171–192.

Rich, J. (2019). *State-Sponsored Activism: Bureaucrats and Social Movements in Democratic Brazil*. Cambridge: Cambridge University Press.

Rodríguez Enriquez, C. & Marzonetto, G. (2015). Organización social del cuidado y desigualdad: El déficit de políticas públicas de cuidado en Argentina. *Revista Perspectivas de Políticas Públicas*, 4(8), 103–134.

Rofman, R., Apella, I. & Vezza, E. (2015). *Beyond Contributory Pensions: Fourteen Experiences with Coverage Expansion in Latin America*. Washington, DC: World Bank.

Romero, W. & Orantes, A. (2017). *Estudio sobre racismo, discriminación y brechas de desigualdad en Guatemala*. Ciudad de México: CEPAL.

Rossi, F. (2015). The Second Wave of Incorporation in Latin America: A Conceptualization of the Quest for Inclusion Applied to Argentina. *Latin American Politics and Society*, 57(1), 1–28.

Rueda, D. (2005). Insider–Outsider Politics in Industrialized Democracies: The Challenge to Social Democratic Parties. *American Political Science Review*, 99, 61–74.

Ruttenberg, T. (2019). Post-neoliberalism and Latin America. En J. Cupples, M. Palomino-Schalscha & M. Prieto, coords., *The Routledge Handbook of Latin American Development*. Nueva York: Routledge, pp. 111–120.

Sala, G. (2017). Reorientación de la política previsional argentina y acceso de los migrantes limítrofes a la seguridad social. *Migraciones Internacionales*, 9(1), 119–149.

Sánchez-Ancochea, D. (2019). The Surprising Reduction of Inequality during a Commodity Boom: What Do We Learn from Latin America? *Journal of Economic Policy Reform*, 2, 1–24.

Sánchez-Ancochea, D. (2021). *The Costs of Inequality in Latin America: Lessons and Warnings for the Rest of the World*. Londres: I. B. Tauris.

Segura-Ubiergo, A. (2007). *The Political Economy of the Welfare in Latin America. Globalization, Democracy and Development*. Cambridge: Cambridge University Press.

Sepúlveda, M. (2014). De la retórica a la práctica: El enfoque de derechos en la protección social en América Latina. *Serie Políticas Sociales – CEPAL*, 189, 1–74.

Silva, E. (2015). Social Movements, Protest, and Policy. *European Review of Latin American and Caribbean Studies*, 100, 27–39.

Skocpol, T. (1985). Bringing the State Back In: Strategies of Analysis in Current Research. En P. Evans, D. Rueschemeyer & S. Skocpol, coords., *Bringing the State Back*. Cambridge: Cambridge University Press, pp. 3–43.

Smith, P. (2012). *Democracy in Latin America: Political Change in Comparative Perspective*. Oxford: Oxford University Press.

Soifer, H. (2012). Measuring State Capacity in Contemporary Latin America. *Revista de Ciencia Política*, 32(3), 585–598.

Sojo, A. (2011). De la evanescencia a la mira: El cuidado como eje de políticas y de actores en América Latina. *Serie Seminarios y Conferencias – CEPAL*, 67, 1–70.

Sojo, A. (2017). *Protección social en América Latina: La desigualdad en el banquillo*. Santiago: United Nations.

Staab, S. (2012). Maternalism, Male-Breadwinner Bias, and Market Reform: Historical Legacies and Current Reforms in Chilean Social Policy. *Social Politics*, 19(3), 299–332.

Staab, S. (2016). Opportunities and Constraints on Gender-Egalitarian Policy Change: Michelle Bachelet's Social Protection Agenda (2006–2010). En G. Waylen, coord., *Gender, Institutions and Change in Bachelet's Chile*. Londres: Institute of the Americas, pp. 121–146.

Staab, S. & Gherard, R. (2010). *Childcare Expansion in Chile and Mexico: For Women or Children or Both?* Ginebra: UNRISD.

Staab, S. & Gerhard, R. (2011). Putting Two and Two Together? Early Childhood Education, Mothers' Employment and Care Service Expansion in Chile and Mexico. *Development and Change*, 42(4), 1079–1107.

Telles, E. & Paixão, M. (2013). Affirmative Action in Brazil. *LASA Forum*, 44(2), 10–11.

Tillin, L. & Duckett, J. (2017). The Politics of Social Policy: Welfare Expansion in Brazil, China, India and South Africa in Comparative Perspective. *Commonwealth & Comparative Politics*, 55(3), 253–277.

Tomazini, C. (2020). Esquiver les critiques: Les institutions financières internationales face aux politiques de lutte contre la pauvreté au Brésil et au Mexique. *Critique Internationale*, 3(88), 51–70.

UNDP (2015). *Objetivos de Desarrollo del Milenio. Informe de 2015*. www .undp.org/es/latin-america/publications/informe-2015-objetivos-de-desar rollo-del-milenio-informe-de-2015 (26 de octubre de 2023).

UNDP (2019). *Informe sobre Desarrollo Humano 2019. Más allá del ingreso, más allá de los promedios, más allá del presente: Desigualdades del desarrollo humano en el siglo XXI*. https://hdr.undp.org/system/files/documents/hdr2019espdf_1.pdf (26 de octubre de 2023).

Uribe-Gómez, M. (2017). Nuevos cambios, viejos esquemas: Las políticas de salud en México y Colombia en los años 2000. *Cadernos de Saúde Pública*, 33(2), 1–12.

Vieira, R. S. & Arends-Kuenning, M. (2019). Affirmative Action in Brazilian Universities: Effects on the Enrollment of Targeted Groups. *Economics of Education Review*, 73, 10–11.

Voorend, K. (2019). *¿Un imán de bienestar en el Sur? Migración y política social en Costa Rica*. San José: EUCR.

Wampler, B., Borges Sugiyama, N. & Touchton, M. (2019). *Democracy at Work: Pathways to Well-Being in Brazil*. Nueva York: Cambridge University Press.

Weitz-Shapiro, R. (2014). *Curbing Clientelism in Argentina: Politics, Poverty, and Social Policy*. Nueva York: Cambridge University Press.

Weyland, K. (2005). Theories of Policy Diffusion: Lessons from Latin American Pension Reform. *World Politics*, 57, 262–295.

Williamson, J. (2000). What Should the World Bank Think about the Washington Consensus? *The World Bank Research Observer*, 15(2), 251–264.

World Bank (1994). *Envejecimiento sin crisis: Informe de banco mundial sobre investigaciones relativas a politicas de desarrollo*. https://documents1.world bank.org/curated/en/204101468190731858/pdf/135840PUB00SPANIS H00Box074505B0PUBLIC0.pdf (26 de octubre de 2023).

Zarate Tenorio, B. (2014). Social Spending Responses to Organized Labor and Mass Protests in Latin America, 1970–2007. *Comparative Political Studies*, 47(14), 1945–1972.

Agradecimientos

Este proyecto surgió de la colaboración de la Red Latinoamericana de Análisis de la Política Social, https://polsoc.org/. Queremos agradecer a Evelyne Huber, Kent Eaton, Fernando Filgueira, Nate Edenhofer, Candelaria Garay, Mark Massoud, Eleonora Pasotti, Ben Read, Roger Schoenman, Thomas Serres, Tiago Tasca, Lucia Vitale, nuestros colegas de PolSoc, los editores de la serie Elements y dos evaluadores anónimos por sus excelentes comentarios a versiones anteriores de este Element. Camilo García y Diego Rojas proporcionaron ayuda crucial en la investigación. Este Element recibió financiamiento del Fondo Concursante de Redes Temáticas de la Universidad de Costa Rica, Proyecto ¿Continuidad o refundación? La política social latinoamericana luego de la década expansiva (2000–2013), B9719 y del proyecto FONDECYT 1180184. También agradecemos el apoyo de nuestras instituciones de origen.

Cambridge Elements ≡

Politics and Society in Latin America

Maria Victoria Murillo

Columbia University

Maria Victoria Murillo is Professor of Political Science and International Affairs at Columbia University. She is the author of *Political Competition, Partisanship, and Policymaking in the Reform of Latin American Public Utilities* (Cambridge University Press, 2009). She is also editor of *Carreras Magisteriales, Desempeño Educativo y Sindicatos de Maestros en América Latina* (FLACSO, 2003), and co-editor of *Argentine Democracy: the Politics of Institutional Weakness* (Penn State Press, 2005). She has published in edited volumes as well as in the *American Journal of Political Science, World Politics*, and *Comparative Political Studies*, among others.

Tulia G. Falleti

University of Pennsylvania

Tulia G. Falleti is the Class of 1965 Endowed Term Professor of Political Science, Director of the Latin American and Latino Studies Program, and Senior Fellow of the Leonard Davis Institute for Health Economics at the University of Pennsylvania. She received her BA in Sociology from the Universidad de Buenos Aires and her Ph.D. in Political Science from Northwestern University. Falleti is the author of *Decentralization and Subnational Politics in Latin America* (Cambridge University Press, 2010), which earned the Donna Lee Van Cott Award for best book on political institutions from the Latin American Studies Association, and with Santiago Cunial of *Participation in Social Policy: Public Health in Comparative Perspective* (Cambridge University Press, 2018). She is co-editor, with Orfeo Fioretos and Adam Sheingate, of *The Oxford Handbook of Historical Institutionalism* (Oxford University Press, 2016), among other edited books. Her articles on decentralization, federalism, authoritarianism, and qualitative methods have appeared in edited volumes and journals such as the *American Political Science Review, Comparative Political Studies, Publius, Studies in Comparative International Development*, and *Qualitative Sociology*.

Juan Pablo Luna

Pontificia Universidad Católica de Chile

Juan Pablo Luna is Professor of Political Science at the Pontificia Universidad Católica de Chile. He received his BA in Applied Social Sciences from the UCUDAL (Uruguay) and his PhD in Political Science from the University of North Carolina at Chapel Hill. He is the author of *Segmented Representation. Political Party Strategies in Unequal Democracies* (Oxford University Press, 2014), and has co-authored *Latin American Party Systems* (Cambridge University Press, 2010). In 2014, along with Cristobal Rovira, he co-edited *The Resilience of the Latin American Right* (Johns Hopkins University). His work on political representation, state capacity, and organized crime has appeared in the following journals: *Comparative Political Studies, Revista de Ciencia Política*, the *Journal of Latin American Studies, Latin American Politics and Society, Studies in Comparative International Development, Política y Gobierno, Democratization, Perfiles Latinoamericanos*, and the *Journal of Democracy*.

Andrew Schrank

Brown University

Andrew Schrank is the Olive C. Watson Professor of Sociology and International & Public Affairs at Brown University. His articles on business, labour, and the state in Latin America have appeared in the *American Journal of Sociology, Comparative Politics, Comparative Political Studies, Latin American Politics and Society, Social Forces*, and *World Development*, among other journals, and his co-authored book, *Root-Cause Regulation: Protecting Work and Workers in the Twenty-First Century*, was published by Harvard University Press in 2018.

Advisory Board

About the Series

Latin American politics and society are at a crossroads, simultaneously confronting serious challenges and remarkable opportunities that are likely to be shaped by formal institutions and informal practices alike. The Elements series on Politics and Society in Latin America offers multidisciplinary and methodologically pluralist contributions on the most important topics and problems confronted by the region

Cambridge Elements ☰

Politics and Society in Latin America

Elements in the Series